Antonio Borelli Machado

Fatima:

Botschaft der Tragödie oder der Hoffnung?

Vorwort von

Plinio Corrêa de Oliveira

Fatima: Botschaft der Tragödie oder der Hoffnung wurde aufgelegt in Portugal mit Imprimatur des Generalvikars von Braga, Msg. Eduardo de Melo Peixoto; in Spanien mit Imprimatur des Pro-Generalvikars von Madrid, Msg. Joaquin Iniesta; auf den Philippinen mit Imprimatur des Kardinals Ricardo J. Vidal, Erzbischof von Cebu; in Litauen mit Imprimatur des Weihbischofs von Kaunas, Msg. Sigitas Tamkevicius; in der Ukraine mit Imprimatur des Kardinals Myroslav Lubachivsky, Groß-Erzbischof von Lviv der Ukrainen und in Lettland mit Imprimatur des Bischofs von Riga, Msg. Janis Pujats.

Umschlagbild: Die wundertätige Pilgerstatue Unserer Lieben Frau von Fatima, die 1972 in New Orleans, in den Vereinigten Staaten, geweint hat.

Vierte deutsche Ausgabe: 1998
Titel der portugiesischen Originalausgabe:
„As aparições e a mensagem de Fátima conforme os manuscritos da Irmã Lucia". São Paulo. 1967
Übersetzung: Alfred J. Keller
Gestaltung: Felipe Barandiarán Porta
Druck und Bindung: Henargraf S.L.
28820 Coslada (Madrid)

Deutsche Vereinigung für eine Christliche Kultur (DVCK) e.V.

ISBN: 3 9805070-6-8
Depósito Legal: M-31771-1995

Die Publikationen der Aktion ***„Deutschland braucht Mariens Hilfe"*** können bestellt werden bei:
DVCK e.V.
Emil-von-Behring-Str. 43
60439 Frankfurt am Main

Lucia, Francisco und Jacinta,
die drei Hirtenkinder,
denen die hl. Jungfrau erschien.

Inhaltsverzeichnis

Geleitwort von S. E. Alfons M. Kardinal Stickler SDB zur vorliegenden Schrift, die von der DVCK e.V. im Rahmen der Aktion „Deutschland braucht Mariens Hilfe" verbreitet wird.

Alfons M. Card. Stickler SDB

Vatikanstadt, den 21. September 1998

Man hat mir von der deutsch-sprachigen Ausgabe der Schrift „Fatima, Botschaft der Tragödie oder der Hoffnung“ berichtet und um ein Grußwort gebeten.

Von ganzem Herzen beglückwünsche ich die Initiatoren dieser Veröffentlichung, durch die unter dem Gesichtspunkt des katholischen Glaubens auch in den Ländern und Menschen deutscher Zunge das Verständnis für die schwere geistige Krise geweckt wird, in der sich Europa, ja die ganze Welt, heute befindet.

Um sie zu erkennen, ja vor allem um sie zu überwinden, kam die Mutter Gottes am Anfang dieses Jahrhunderts nach Fatima. Sie hat uns dort nicht nur die Ursachen und Tatsachen der schweren Gefahren und Schicksalsschläge kundgetan, denen Europa, ja die ganze Welt ausgesetzt sein wird, sondern auch die Mittel angegeben, durch die wir sie ertragen und überwinden werden.

Was uns an diesen ihren mütterlichen Botschaften aber am meisten tröstet und mit großer Zuversicht erfüllt, ist das Versprechen, daß „am Ende ihr Unbeflecktes Herz triumphieren wird“. Damit verbindet sich auch die Hoffnung, daß das Jahrtausend der Herrschaft des Reiches Christi auf Erden, von dem die „Geheime Offenbarung“ (20, 4-6) spricht, Wirklichkeit werden wird.

Ich empfehle allen wärmstens die Lektüre dieses Büchleins, in dem nicht nur die grundlegenden Einzelheiten der wunderbaren Erscheinungen der Mutter Gottes zu Fatima vom Jahre 1917 sowie ihre weiteren Offenbarungen kurz beschrieben und dokumentiert sind, sondern auch zugleich die immer mehr in Erscheinung tretende einmalige gottgewollte Teilnahme der Mutter Gottes am gesamten Erlösungsplan und Erlösungswerk der Heiligsten Dreifaltigkeit kundgetan wird.

Mit den herzlichsten Segenswünschen für die Übersetzer und Verbreiter aber auch für alle Leser,

Alfons M. Card. Stickler

Alfons M. Kardinal Stickler SDB

Dem Leser

Diese neue Auflage von „Fatima, Botschaft der Tragödie oder der Hoffnung“ wird im Rahmen der Aktion „Deutschland braucht Mariens Hilfe“ von der Deutschen Vereinigung für eine Christliche Kultur (DVCK) e.V. verbreitet. Die Weltauflage beträgt ca. drei Millionen Exemplare in zehn Sprachen. Es enthält die Botschaft der allerseligsten Jungfrau Maria und die Erzählung ihrer Erscheinungen in Fatima, Portugal, die von Mai bis Oktober 1917 stattfanden.

Die Muttergottes sprach zu drei kleinen Hirtenkindern – Lucia, Jacinta und Francisco – und durch sie zu der ganzen Welt. Sie gab den Kindern den Auftrag, der Menschheit ihre tiefe Besorgnis wegen ihrer Gottlosigkeit und ihrer Verdorbenheit mitzuteilen. Wenn die Menschen sich nicht bekehren würden, sagte die hl. Jungfrau Maria, werde eine furchtbare Strafe kommen.

Die sündige Menschheit steckt heute in einer schrecklichen Krise, die den sittlichen, den sozialen und den religiösen Bereich umfaßt... Für die Lösung dieser Krise gab die Jungfrau Maria eine deutliche Alternative: entweder Bekehrung oder Strafe.

Vor allem und besonders sprach sie über die Strafe nach dem Tod, eine ewige, höchste, endgültige Strafe: die Verdammung in die Hölle jener Sünder, die sterben ohne sich bekehrt zu haben. Auch zögerte die Muttergottes nicht, den Sehern, Kindern von zehn, neun und acht Jahren, die Hölle zu zeigen... Dieser Aspekt der Botschaft von Fatima ist das erste Geheimnis, oder besser ausgedrückt, der erste Teil einer einzigen und selben Botschaft.

Der zweite Teil – oder das zweite Geheimnis – betrifft die Menschheit, die vor einer großen Alternative steht. Wenn die

Menschen „nicht aufhören, Gott zu beleidigen“, wird Er „die Verbrechen der Welt durch Krieg, Hunger und Verfolgungen gegen die Kirche und den Heiligen Vater bestrafen“ (Erscheinung vom 13. Juli 1917). Der Krieg tritt also deutlich hervor als eine Strafe für die Sünden der Menschen... es sei denn sie bekehren sich. Und die hl. Jungfrau drückt dies noch deutlicher aus: „Gott will die Andacht zu meinem Unbefleckten Herzen auf der Welt einrichten.“

Auch über die Strafe, die sie verkündet, wird die Muttergottes noch deutlicher. Rußland wird eigens als der Motor dieser Kriege genannt: „... (Rußland) wird seine Irrtümer über die ganze Welt verbreiten, und es wird zu Kriegen und Kirchenverfolgungen kommen.“ Wenn die Übeltaten des Kommunismus die Irrtümer sind, die Rußland auf der Welt verbreiten wird, was ist dann nach dem Zusammenbruch der ehemaligen UdSSR unter dieser Prophetie zu verstehen?

Hierfür gibt es mindestens drei Tatbestände, die zu erwägen sind. Erstens: die Rückkehr der Kommunisten an die Macht durch die Wahlen hier und da in dem ehemaligen sowjetischen Block öffnet den Weg für eine eventuelle Wiederbelebung der blutigen Tätigkeiten des Kommunismus – schon verantwortlich für Millionen Menschenopfer auf der Welt – und niemand kann eine eventuelle, durch die hartgesottenen Kommunisten vorangetriebene, „Flucht nach vorne“, die bis hin zu einem mörderischen Krieg eskaliert werden kann, ausschließen.

Zweitens: Durch den Optimismus täuschen der Westen und besonders die Medien vor zu vergessen, was die kommunistische Doktrin darstellt: nach all ihren Theoretikern seit Marx und Engels ist das Ziel des Kommunismus, die Errichtung einer völlig selbstverwalteten Gesellschaft, in der Staat und Partei verschwunden sein sollen. Ist das beunruhigende Chaos, in das Rußland Tag für Tag mehr hineingerät, nicht ein Versuch, die kommunistische Utopie letztendlich zu verwirklichen?

Drittens: Wie kann man nicht sehen, daß die kommunistische Doktrin, weit davon entfernt tot zu sein, noch immer tief in Deutschland und in die anderen Länder des Westens eindringt, ohne dabei zu den Waffen greifen zu müssen? Genau dies ist die kulturelle Revolution, die die christliche Kultur, das Fundament unserer Gesellschaft, zerstört; das ist der offene Krieg gegen die Moral, der alles bis hin zu der Grundlage der Familie vernichtet; das ist letztendlich die rasende Gleichmacherei, die unvermeidlich dieses Elend begleiten muß und versucht, sogar das Eigentumsprinzip, ein so wesentliches, durch zwei Gebote verteidigtes Prinzip, auszutilgen...

Zusammenfassend ist die heutige Welt mehr denn 1917, als die Erscheinungen von Fatima stattfanden, in Sünde verstrickt und der Kommunismus hat trotz seiner Verwandlungen nicht darauf verzichtet, die Welt zu erobern. Was ist hieraus zu schließen?

Um die Strafen, die die Jungfrau Maria verkündet hat, nach Möglichkeit zu vermeiden und das Kommen des Sieges des Unbefleckten Herzen Mariens – der versprochen wurde – zu beschleunigen, müssen wir zu den vorgeschlagenen Mitteln unsere Zuflucht nehmen: eine flammende Andacht zu der Mutter Gottes, Gebet und besonders das des Rosenkranzes, Buße und Achtung der Zehn Gebote Gottes. Einzig und allein so kann die furchtbare Krise der Welt gelöst werden, und nur so können die Voraussetzungen für einen andauernden wahren Frieden geschaffen werden. Dies wird der Frieden Christi im Reich Christi sein, der Frieden Mariens im Reich Mariens.

* * *

Möglicherweise werden die vorangegangenen Überlegungen in gewissen Gemütern eine Haltung der Skepsis, sogar der Verachtung, hervorrufen. Die Glaubenslosen – und ihre Brüder, jene mit wenig Glauben – werden über das spöttisch lächeln, was ihnen als eine überraschende und sogar kindische Vereinfachung der Probleme der jetzigen Gesellschaft erscheint. Die Lösung dafür zu suchen bei einer an die Welt gerichteten Botschaft, die von drei des Lesens und Schreibens unkundigen kleinen Hirten verkündet wurde, kommt ihnen als lächerlich oder sogar als verrückt vor.

Wir verneinen die unentwirrbare Komplexität der heutigen Probleme nicht. Im Gegenteil denken wir sogar, daß, menschlich gesehen, diese Probleme unlösbar sind, so groß ist das Ausmaß ihrer Komplexität. Und wir widersetzen uns dem Wunsch nicht, eventuellen Skeptikern die unersetzbaren Lösungen, die die Religion uns anbietet, zu zeigen; ihnen wie durch ein Schlüsselloch etwas von diesem weiten Horizont vor Augen zu führen.

Der hl. Augustinus hat das Wesen einer wahren christlichen Gesellschaft und die sich daraus für den Staat ergebenden Vorteile beschrieben. Er schreibt: „Stellen wir uns eine Armee vor, zusammengesetzt aus Soldaten, die in der Lehre Christi ausgebildet wurden, und ebenso ein Gemeinwesen aus Gouverneuren, Eheleuten, Eltern, Kindern, Meistern, Dienern, Königen, Richtern, Steuerzahlern und -einnehmern, die alle nach der christlichen Lehre leben. Sollten es die Heiden da noch wagen zu behaupten, die christliche Lehre sei gegen die Interessen des Staates gerichtet? Im Gegenteil, sie werden ohne Zögern anerkennen müssen, daß sie, treu beobachtet, eine Behüterin des Staates ist." (Epist. CXXXVIII, 5 ad Marcellinum, Kap. II, 15)

In Anbetracht einer so leuchtenden, einfachen und zugleich tiefen Beschreibung könnten wir diejenigen, die Einwände erheben, fragen: Wo gibt es eine politische, soziale oder wirtschaftliche Strömung, die fähig wäre, ohne den Beistand der Religion, den endgültigen Zusammenbruch der Gesellschaft zu verhindern, die durch den eigenen Antrieb des Unglaubens und der Verdorbenheit alle Prinzipien, die den nach dem hl. Augustinus skizzierten Gottesstaat ausmachen, übertritt?

Wir hoffen, daß diese Überlegungen, die die Botschaft der allerseligsten Jungfrau Maria mit Fragen höchster Aktualität für Deutschland und die Welt verknüpfen, dem Leser dazu helfen werden, einen großen Nutzen aus diesem Buch über die Erscheinungen und die Botschaft von Fatima zu ziehen.

Vorwort

Fátima, ein Gesamtblick

Vielleicht mögen den Lesern einige kurze Erwägungen über die vielfachen Aspekte von Nutzen sein, die in den wichtigen Offenbarungen der Heiligen Jungfrau Maria enthalten sind.

Voraussetzungen und Grundlinien der Erscheinungen

1. Um all die Visionen und Mitteilungen zu verstehen, die Lucia, Francisco und Jacinta zuteil wurden, muß man vor allem die katholische Lehre über die Gemeinschaft der Heiligen vor Augen haben. Die Fürbitten und Verdienste eines Menschen können anderen zugute kommen. So können natürlich die von den drei Kindern dargebrachten Gebete und Opfer, verbunden mit der Hingabe des eigenen Lebens, vor allem nachdem sie durch die Erscheinungen der Königin aller Heiligen so reich begnadet worden waren, einer großen Anzahl von Seelen und sogar ganzen Völkern zum Vorteil gereichen. Aus diesem Grund bat Unsere Liebe Frau die drei Kinder um ihre Gebete und Opfer. Jacinta und Francisco bat sie außerdem um das Opfer des eigenen Lebens als Sühne für die Sünden der Menschen. Lucia dagegen bat sie, weiter auf dieser Welt zu bleiben und eine Mission zu erfüllen, von der später noch die Rede sein wird.

Die umfassende Mittlerrolle der Heiligsten Jungfrau

2. Eine weitere Voraussetzung für das Verständnis der Ereignisse von Fatima ist die universelle Mittlerrolle der Got-

tesmutter. Sie wirkt in allen als die höchste und nach dem freien Entschluß Gottes notwendige Mittlerin zwischen dem beleidigten Erlöser und der sündigen Menschheit. Da sie als Mittlerin immer erhört wird, übt sie auch einen entscheidenden Einfluß auf die Ereignisse aus. Und als königliche Mittlerin wird sie letztendlich mit dem Sieg ihres mütterlichen Herzens glorifiziert werden. Einen deutlicheren Ausdruck für Gottes eigenen Sieg kann es gar nicht geben.

In Fatima richtete sich Maria nicht nur an Portugal, sondern an die ganze Welt

3. Indem sie sich an die drei Hirtenkinder wandte, wollte Unsere Liebe Frau zu der ganzen Welt sprechen und alle Menschen zum Gebet, zur Buße und zum Umdenken aufrufen. In besonderer Weise richtete sie sich an den Papst und damit an die heilige Hierarchie, denn er sollte Rußland ihrem allerreinsten Herzen weihen.

Die besorgniserregende Lage der heutigen Welt

4. Die damaligen Bitten der Gottesmutter sind angesichts der religiösen Lage gut zu verstehen, in der sich die Welt zur Zeit der Erscheinungen, das heißt 1917, befand. Unsere Liebe Frau wies darauf hin, daß es sich um eine höchst unheilvolle Lage handelte. Gottlosigkeit und Unreinheit hatten auf Erden dermaßen überhandgenommen, daß es zu einer wahren Hekatombe, dem Zweiten Weltkrieg, kommen mußte, um die Menschen wieder zusammenzuführen. Die Auseinandersetzung sollte bald ein Ende nehmen, und den Sündern wäre Zeit gegeben, sich auf den Appell von Fatima hin zu bekehren. Würde dem Appell Gehör geschenkt, hätte die Menschheit Frieden. Würde er aber nicht gehört, käme ein weiterer, noch viel schlimmerer Krieg. Und sollte sich die Welt auch dann noch der Stimme ihrer Königin gegenüber taub verhalten, käme es zu einer ganz außerordentlichen Hekatombe ideologischen Ursprungs und universellen Ausmaßes, die zu schwerer religiöser Verfolgung führen und alle Menschen in Mitleidenschaft ziehen würde; dem Papst selbst stünden große

Prüfungen bevor: *„Rußland wird seine Irrtümer über die Welt verbreiten, Kriege hervorrufen und die Kirche verfolgen ... der Heilige Vater wird viel zu leiden haben."*

Nach der äußersten Hekatombe ideologischer Natur und weltweiten Ausmaßes wird das Reich Mariens kommen

5. Wenn dann nach einer ganzen Kette von Kalamitäten der harte Widerstand der heutigen Menschheit endlich gebrochen ist, kommt es zu einer Bekehrung der Seelen in großem Umfang. Es wird dies insbesondere ein Sieg des allerreinsten Herzens Mariae sein: *„Am Ende wird mein Unbeflecktes Herz triumphieren..."* Es wird die Herrschaft Mariens über die Menschen sein ...

Die Betrachtung der ewigen Qualen ist für die Menschen dieses Jahrhunderts wirkungsvoll und angebracht

6. Um die Menschheit nachdrücklichst zur Aufnahme der Botschaft zu bewegen, hat Unsere Liebe Frau den drei Vertrauten die verurteilten Seelen in der Hölle gezeigt. Sie haben uns dieses Bild voller Tragik auf so bewundernswerte Weise beschrieben, daß es geeignet ist, selbst verhärtete Sünder auf den Weg der Tugend zurückzuführen. Der düstere Vision der Hölle macht deutlich, wie sehr sich die im Irrtum befinden, die da meinen, die Betrachtung der ewigen Qualen sei für die Menschen unseres Jahrhunderts unangebracht.

Beweise für die Authentizität der Botschaft von Fatima

7. Um die Wirklichkeit der Erscheinungen und damit auch die Authentizität der Botschaft zu bekräftigen, hat die Heilige Jungfrau drei Arten von Ereignissen veranlaßt:

a) Anwesenheit einer großen Anzahl von Zuschauern während ihrer Gespräche mit den Seherkindern, wenngleich auch nur diese die unmittelbaren Empfänger der Botschaft waren; die Umstehenden konnten mit der gewöhnlichen psychologischen Einsicht feststellen, daß die drei Kinder weder logen noch Opfer einer Illusion waren, wenn sie behaupteten, Kontakt zur Muttergottes zu haben, sondern daß sie tatsächlich ein für die anderen unsichtbares Wesen sahen und mit ihm sprachen.

b) Das Wunder des Farbenspiels und der Bewegungen der Sonne, das weit über die Stelle der Erscheinungen hinaus sichtbar war und daher auch nicht als kollektive Suggestion abgetan werden kann (wie sollte dies auch möglich sein, wenn man bedenkt, daß sich 50 bis 70 Tausend Menschen bei der Grotte von Iria aufhielten).

c) Die Ankündigung, daß bald nach den Erscheinungen von Fatima der Erste Weltkrieg zu Ende gehen würde, ist in Erfüllung gegangen. Ebenso hat sich die Voraussage erfüllt, daß ein weiterer Weltkrieg ausbrechen würde, falls sich die Menschheit nicht bekehren würde. Es ist allgemein bekannt, daß am Himmel über Europa vor dem Ausbruch des Zweiten Weltkriegs ein außerordentliches Licht zu sehen war. Unsere Liebe Frau hatte den Seherkindern angekündigt, daß dies das Zeichen der bevorstehenden Strafe sein würde. Und tatsächlich traf die Strafe kurz darauf ein.

d) Die vorhergesehene höchste Strafe, nämlich die Verbreitung des Kommunismus, begann sich kurz nach den Erscheinungen zu bewahrheiten. Es ist zu beachten, daß die Heilige Jungfrau zwar angekündigt hatte, daß *„Rußland seine Irrtümer über die ganze Welt verbreiten wird“*, daß aber zum Zeitpunkt der Voraussage — 13. Juli 1917 — diese Aussage mehr oder wenig unverständlich klingen mußte. Denn das Zarentum war gerade erst dem bürgerlichen Regime Kerenskys gewichen, und niemand konnte wissen, was unter diesen russischen Irrtümern zu verstehen war. Natürlich handelte es sich nicht um die Verbreitung der mumienhaften griechisch-schismatischen Kirche, der jede Kraft zur Ausbreitung fehlte. Somit war also die marxistische Machtergreifung im November 1917 im unglücklichen Rußland bereits eine erste, vielsagende Bestätigung der Prophezeiung. Danach begann die russische Kommunistische Partei, ihre Irrtümer weltweit zu verbreiten, es kam also zu einer weiteren Übereinstimmung zwischen dem, was die Heilige Jungfrau angekündigt hatte, und den tatsächlichen Ereignissen. Nach dem Ende des Zweiten Weltkrieges sollte die Verbreitung des Kommunismus dann noch größere Ausmaße annehmen, denn unter Anwendung von List und Gewalt wurden zahlreiche Völker unter sowjetische Herrschaft gebracht. Die Sowjetunion wurde zu einer weltweiten Gefahr.

Die beiden Seelenverwandtschaften der heutigen Welt

Nach diesen apokalyptischen Behauptungen wird eine Anmerkung notwendig. Die Welt von heute teilt sich zusehends in zwei Seelenverwandtschaften. Eine sieht die Menschheit in eine Reihe von Irrtümern und Frevel verwickelt, die mit Humanismus, Renaissance und protestantischer Pseudoreformation im religiösen und kulturellen Bereich ihren Anfang nahmen. Infolge von Rationalismus und Aufklärung haben sich diese Irrtümer nur noch verschlimmert und führten schließlich im politischen Bereich zur Französischen Revolution. Mit dem utopischen Sozialismus und dem sogenannten wissenschaftlichen Sozialismus wechselten sie im 19. Jahrhundert vom politischen in den gesellschaftlichen und wirtschaftlichen Bereich. Das Heraufziehen des Kommunismus in Rußland brachte schließlich eine erste, massive Übertragung all dieser angehäuften Irrtümer auf den Boden der Tatsachen mit sich, und es entstand der Moloch des kommunistischen Weltreichs. Gleichzeitig kam es im Westen vor allem seit dem Zweiten Weltkrieg zu einem rapiden Verfall der Sittlichkeit.

Für die zahllosen Seelen aller Länder, Völker und Gesellschaftsschichten, die diese Auffassung teilen, zeichnet die Botschaft von Fatima vor allem die folgerichtige Übereinstimmung mit der katholischen Lehre und der Wirklichkeit der Tatsachen aus.

Daneben gibt es eine zweite Seelenverwandtschaft, für die die Probleme der heutigen Welt wenig oder überhaupt nichts mit Gottlosigkeit (als einer schuldhaften Abweichung des Verstandes) und Unsittlichkeit zu tun haben. Es handle sich lediglich um ungewollte Mißverständnisse, die eine gute Verbreitung der rechten Lehre und die objektive Kenntnis der Wirklichkeit ohne weiteres aus dem Weg räumen können. Diese Mißverständnisse seien übrigens auf wirtschaftliche Mängel zurückzuführen. Als Kinder des Hungers würden sie aufhören zu bestehen, wenn es erst einmal keinen Hunger mehr gäbe, und nicht vorher. Die Krise der Menschheit soll mit Hilfe der Wissenschaft und der Technik überwunden werden. Da Katastrophen und Gefahren, mit denen wir uns auseinanderzusetzen haben, nicht unter dem Blickwinkel des Schuldhaften gesehen werden, liegt diesem Verständnis der Dinge der Gedanke einer universellen Strafe völlig fern. Vor allem ist ja auch zu bedenken, daß dieser Seelenverwandtschaft der Kommunismus keineswegs als etwas wesenhaft Schlechtes erscheint, meint man sich doch mit ihm arrangieren und damit unangenehme Verfolgungen verhindern zu können.

Die Kürze der Darlegungen über die beiden Seelenverwandtschaften läßt das Panorama notgedrungen etwas schematisch erscheinen. Es gibt natürlich in beiden Lagern eine ganze Palette von Abstufungen, doch fehlt hier der Raum, um auf Einzelheiten einzugehen. In dem Maße, in dem sich die unterschiedlichen Strömungen einem der beiden Pole nähern, wird ihnen auch die Botschaft von Fatima mehr und mehr verständlich beziehungsweise unverständlich. Auf diese Weise wird Fatima zu einer Art geistiger Wasserscheide unserer Zeit.

Mit Ausnahme des noch geheimgehaltenen Teiles wurden die Bitten, Ermahnungen und Prophezeiungen (wohlgemerkt handelt es sich um rein persönliche Offenbarungen ...) jedenfalls bekannt gemacht und in großem Umfange auch bestätigt. Den Skeptikern können wir nur sagen: „Qui vivra verra.“ (Wer es erlebt, wird es sehen).

Der Botschaft von Fatima wurde bisher nicht entsprochen

Wird es noch zu den in Fatima angekündigten, bisher aber nicht eingetretenen Ereignissen kommen? Diese Frage stellt sich heute die Menschheit. Grundsätzlich ist nicht daran zu zweifeln, denn der Teil der Vorhersagen, der sich bisher mit beeindruckender Genauigkeit erfüllt hat, ist ein Beweis für ihren übernatürlichen Charakter. Wenn aber bewiesen ist, daß es sich um eine übernatürliche Botschaft handelt, kann man auch nicht mehr daran zweifeln, daß sie bis zum Ende in Erfüllung gehen wird.

Nun könnte aber jemand einwenden, daß die Prophezeiungen vom 13. Mai 1917 an bestimmte Bedingungen gebunden sind. Die Vorhersagen würden nur dann eintreffen, wenn der Papst und die Bischöfe nicht Rußland und die Welt dem Unbefleckten Herzen Mariae weihen sollten. Diese Weihe wurde jedoch von Pius XII. für die Welt (1942) und im besonderen für Rußland (1952) vorgenommen. Man könne also erwarten, daß die von Unserer Lieben Frau vom Rosenkranz angekündigten Strafen nicht eintreffen...

Diesem Einwand sind zwei Antworten entgegenzuhalten: Erstens entsprach die von Pius XII. vorgenommene Weihe der Welt nach Schwester Lucias Worten in ihrem Brief aus dem Jahre 1943 an den Bischof von Gurza nicht in vollem Umfang den von der Muttergottes angegebenen Bedingungen, wenngleich sie durchaus gottgefällig war. Es ist also zweifelhaft, ob diese Weihe in der Lage war, die angedrohten Kalamitäten auch wirklich abzuwenden. Wir können nicht umhin, den Worten, die Christus der Schwester Lucia zukommen ließ, Glauben zu schenken, denn ihr Leben ist schließlich der Botschaft von Fatima geweiht, und es ist daher keineswegs verwunderlich, daß der Himmel ihr Mitteilungen dieser Art macht, damit sie die Welt über die richtige Auslegung der Botschaft und über ihren Bezug zum Lauf der Ereignisse orientieren kann. Es ist daher auch durchaus anzunehmen, daß Christus und seine Mutter dieser treuen, von den Heiligsten Herzen vielgeliebten Ordensschwester allen notwendigen Beistand leisten, damit sie ihrer Sendung ohne Irrtum und ohne die Menschheit zum Irrtum zu verleiten, nachkommen kann.

Zweitens gilt es hervorzuheben, daß Unsere Liebe Frau in der Grotte von Iria zwei Bedingungen aufzeigte, die beide unerläßlich sind, wenn die Strafen abgewendet werden sollen, mit denen Gott uns drohte.

Eine dieser Bedingungen war die Weihe. Setzen wir einmal voraus, daß diese in Übereinstimmung mit dem Willen der Heiligen Jungfrau durchgeführt wurde. Es bliebe dann immer noch die zweite Bedingung: Die Verbreitung der Ausübung der Sühnekommunion an den fünf ersten Samstagen. Wir haben den Eindruck, daß diese Andachtsübung sich bis heute nicht in dem von der Gottesmutter gewünschten Ausmaß über den katholischen Erdkreis ausgebreitet hat.

Und dann ist da noch eine weitere, implizite Bedingung, die ebenso unerläßlich ist: Der Sieg der Welt über Tausende von Arten der Gottlosigkeit und Unreinheit, die sie beherrschen. Alles weißt darauf hin, daß dieser Sieg noch nicht erreicht wurde, sondern daß wir uns in dieser Angelegenheit im Gegenteil immer mehr einem Paroxysmus nähern. Damit wird eine Umkehr der Menschheit natürlich immer unwahrscheinlicher. Und indem wir auf den Paroxysmus zusteuern, wird auch die Wahrscheinlichkeit größer, daß die Strafen tatsächlich über uns kommen...

Hier ist eine Anmerkung vonnöten. Wenn man nämlich die Dinge anders sehen würde, wäre die Botschaft von Fatima absurd. Denn wenn Unsere Liebe Frau 1917 behauptet hat, die Sünden der Welt hätten ein derart großes Ausmaß angenommen, daß sie die Strafe Gottes geradezu herausforderten, wäre es unlogisch anzunehmen, daß die Strafe nicht eintreten werde, wenn diese Sünden doch bis heute nur immer weiter wachsen und die Welt sich hartnäckig bis zum Ende weigert, das in Fatima Gesagte zu beachten. Es wäre, wie wenn das unbußfertige Ninive nicht die angedrohte Strafe erhalten hätte.

Außerdem hätte nicht einmal die von Unserer Lieben Frau erbetene Weihe die Aufhebung der Strafe zur Folge, wenn sich das Menschengeschlecht immer mehr der Gottlosigkeit und der Sünde hingebe. Denn unter diesen Umständen würde der Weihe stets ein gewisser Zug des Unvollständigen und des in Wirklichkeit Inhaltslosen anhaften.

Wir können also behaupten, daß wir ohne das in der Grotte von Iria verlangte ungeheure geistige Umdenken dem Abgrund immer näher kommen. Und mit diesem Näherkommen wird auch das Umdenken selbst immer unwahrscheinlicher.

Warum kam es bisher nicht zur Offenbarung des dritten Teils des Geheimnisses?

Wir stoßen hier auf das Thema des noch nicht offenbarten dritten Teils des Geheimnisses von Fatima. Sollten wir darin etwa Worte der Vergebung und des Friedens finden, die uns eine unbegrenzte Straflosigkeit für das unbegrenzte Wachstum der Gottlosigkeit und des Lasters erhoffen lassen? Darauf müssen wir unumwunden sagen, daß wir in diesem Gedanken nicht die geringste Frömmigkeit entdecken können. Die Heiligen des Alten und Neuen Testaments haben gegenüber einer tauben, bis zum Ende widerspenstigen Welt zwar stets die Barmherzigkeit der Gerechtigkeit und die Vergebung der Strafe vorgezogen, aber angesichts der obsiegenden Gottlosigkeit, die straflos und auf unbeschränkte Zeit der göttlichen Macht spotten zu dürfen glaubte, haben sie stets der Strafe den Vorrang gegeben.

Außerdem scheint es absurd, annehmen zu wollen, Unsere Liebe Frau habe der Welt in einer öffentlichen Botschaft im Falle des Beharrens in der Sünde schreckliche Strafen angekündigt, und in einer privaten Botschaft habe sie auf irgendeine Weise zu verstehen gegeben, unter gleichen Umständen würde das Gegenteil eintreten.

Wir müssen also beten, leiden und handeln, damit die Menschheit sich bekehrt. Und wir müssen dies mit noch größerer Hingabe tun, denn sonst klopft die Strafe an die Tür. Ein Geheimnis ist ein Geheimnis. Und nach den Gesetzen der Logik kann man aus einem Geheimnis keine Schlußfolgerungen ziehen, da sein Inhalt ja nicht bekannt ist.

Dennoch darf man hier eine Vermutung anstellen. Es ist sehr wahrscheinlich, daß der noch nicht verkündete Teil des Geheimnisses schreckliche Einzelheiten über die Art und Weise enthält, wie die in Fatima angekündigten Strafen in Erfüllung gehen werden. Denn nur so läßt es sich erklären, daß eine Veröffentlichung schockierend wirken könnte. Es ist anzunehmen, daß dieser Teil längst veröffentlicht worden wäre, wenn Aussichten auf ein Einlenken enthielte.

Die Strahlen des heraufziehenden Reiches Mariens

Zum Abschluß dieser Betrachtungen ist es angebracht, bei den letzten Aussichten der Botschaft von Fatima zu verweilen. Über die Trauer und die höchstwahrscheinlich auf uns zukommende Bestrafung hinaus sehen wir den Strahlen des heraufziehenden Reiches Mariens entgegen: *„Am Ende wird mein Unbeflecktes Herz triumphieren“*. Es ist dies eine großartige Aussicht auf den umfassenden Sieg des königlichen und mütterlichen Herzens der Heiligen Jungfrau, ein beruhigendes, reizvolles, vor allem aber majestätisches und begeisterndes Versprechen.

Was können wir tun, um die Strafe in dem geringen Maße abzuwenden, in dem sie abwendbar ist, um die Bekehrung der Menschen in dem geringen Maß zu erreichen, in dem dies noch vor Hereinbrechen der Strafe nach der Heilsökonomie erreichbar ist, um das Heraufziehen der gebenedeiten Morgenröte des Reiches Mariens möglichst zu beschleunigen und inmitten der drohenden Hekatomben unseren Weg zu finden? Die Gottesmutter sagt es uns: Wir müssen sie noch glühender verehren, wir müssen beten und Buße tun.

Um uns zum Gebet anzuspornen, umgab sie sich mit all den Anrufungen, mit denen wir uns an sie als Rosenkranzkönigin, Schmerzensmutter und Unsere Liebe Frau vom Karmel wenden, und hat uns damit gezeigt, wie angenehm es ihr ist, unter diesen Bezeichnungen gekannt, geliebt und verehrt zu werden.

Weiterhin bestand die Jungfrau von Fatima auf ganz besondere Weise auf die Andacht zu ihrem Unbefleckten Herzen. Siebenmal hat sie in ihren Botschaften dieses ihr Herz (und neunmal das Unseres Herrn und Heilandes) erwähnt.

So findet die längst erkannte theologische Bedeutung der Andacht zum Unbefleckten Herzen Mariens in Fatima eine kostbare und beeindruckende Bestätigung. Andererseits beweist der Nachdruck, mit dem die Heilige Jungfrau darauf besteht, die ungeheure Wichtigkeit dieser Andacht.

Wer die Offenbarungen von Fatima ernst nimmt, sollte demnach das Wachstum der Andacht zum Allerreinsten Herzen als eines der wichtigsten Ziele der rechten Frömmigkeit ansehen.

Plinio Corrêa de Oliveira

PLINIO CORRÊA DE OLIVEIRA — Geboren 1908 in São Paulo, graduierte er in Rechtswissenschaft. Professor für Kulturgeschichte am Universitätskolleg sowie für moderne und zeitgenössische Geschichte an den Fakultäten São Bento und Sedes Sapientiae der Katholischen Hochschule von São Paulo. Als eine große katholische Gestalt in diesem Jahrhundert, glänzender Verteidiger der Rechte der christlichen Zivilisation, hat er die Bezeichnung eines Kreuzritters des 20. Jahrhunderts verdient. „Revolution und Gegenrevolution“ (1959) ist sein weltweit bekanntestes Buch. In ihm zeigt er, wie sich gewisse Kräfte und geistige Strömungen seit den Anfängen des 15. Jahrhunderts verbündeten, um die Früchte der Erlösung Unseres Herrn Jesus Christus von der Welt zu schaffen. Das Lebenswerk aber von Prof. Plinio Corrêa de Oliveira ist die Gründung der „Brasilianischen Gesellschaft zum Schutze von Tradition, Familie und Privateigentum“ (TFP) im Jahre 1960. Er ist auch der Stifter der großen TFP-Familie, die sich über 26 Länder der Welt verbreitet hat. Die TFPs sind Organisationen römisch-katholischer Prägung, die sich zur Aufgabe setzen, die Grundwerte der christlichen Kultur in der Öffentlichkeit zu schützen und zu fördern. Prof. Plinio Corrêa de Oliveira starb 1995.

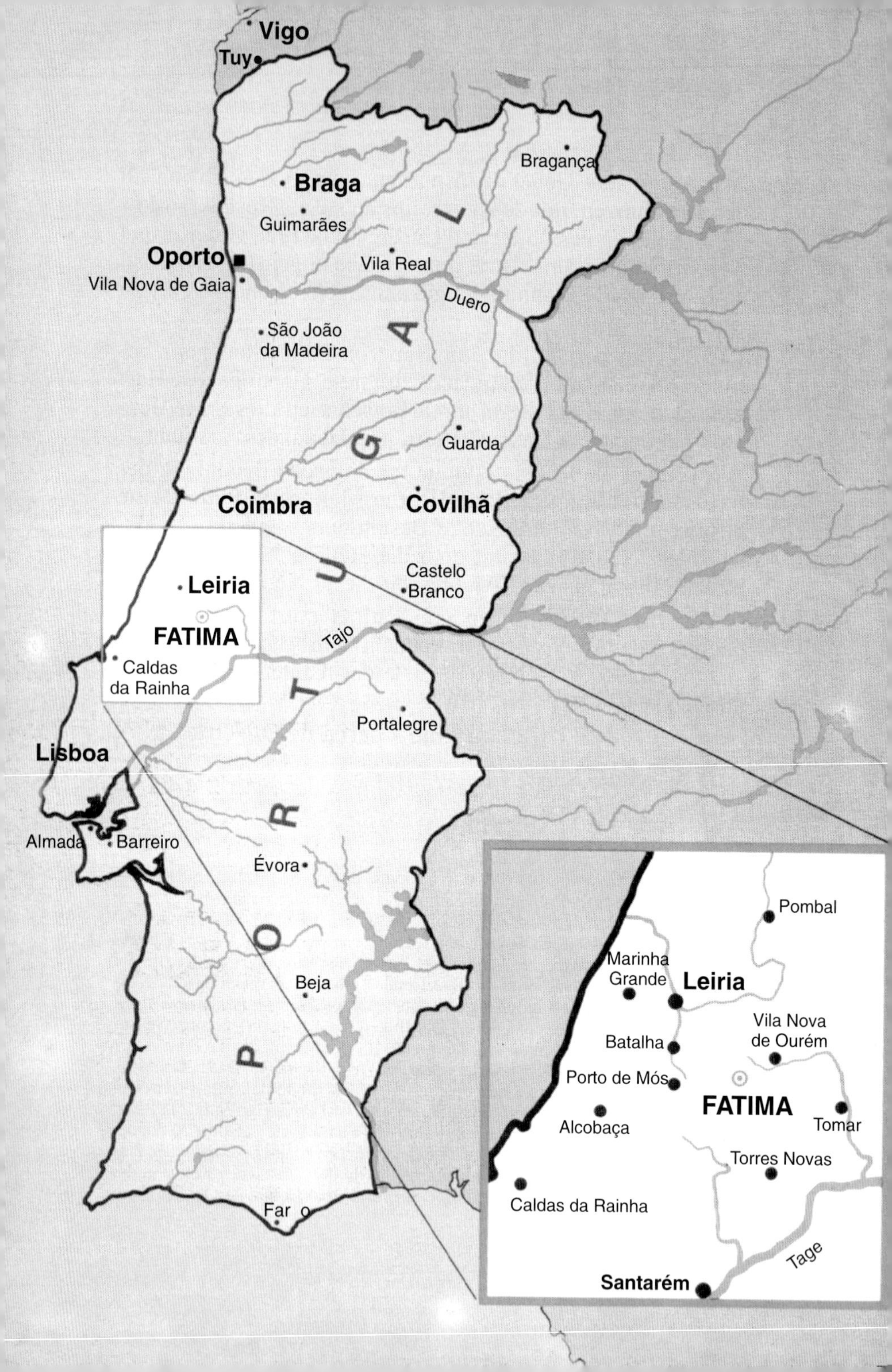

Vigo
Tuy
Braga
Guimarães
Bragança
Oporto
Vila Nova de Gaia
Vila Real
Duero
São João
da Madeira
Guarda
Coimbra
Covilhã
Leiria
FATIMA
Castelo
Branco
Tajo
Caldas
da Rainha
Portalegre
Lisboa
Almada
Barreiro
Évora
Beja
Far o
PORTUGAL
Pombal
Marinha
Grande
Leiria
Vila Nova
de Ourém
Batalha
Porto de Mós
FATIMA
Alcobaça
Tomar
Torres Novas
Caldas da Rainha
Tage
Santarém

Einführung

In den Büchern über die Ereignisse von Fatima finden wir die Beschreibung der Erscheinungen und der Gespräche Unserer Lieben Frau mit den Sehern inmitten einer Abfolge von Ereignissen, zu denen auch die durch die Erscheinungen hervorgerufenen lokalen Nachwirkungen, die Vernehmung der Seher und der Zeugen, sowie außerordentliche Heilungen und Bekehrungen gehören. Die ansprechenden Einzelheiten des geistlichen Wachstums der privilegierten Kinder und zahlreiche andere, damit zusammenhängende Vorfälle werden geschildert.

Das ist alles durchaus verständlich. Doch nach der Lektüre dieser Bücher wird in vielen der Wunsch nach einem Text wach, der ihnen die Möglichkeit geben soll, sich in ganz besonderer Weise dem eigentlichen Inhalt der Erscheinungen zuzuwenden und so immer tiefer in den Sinn der Botschaft einzudringen, die die Gottesmutter den Menschen gebracht hat, um damit auch ihre Vorschriften besser befolgen zu können.

Um diesem berechtigten Anliegen entgegenzukommen, haben wir einen Bericht zusammengestellt, der sich ausschließlich auf das beschränkt, was sich zwischen der Jungfrau Maria, dem Engel Portugals und den Sehern selbst abgespielt hat. Alle weiteren erbaulichen oder auch nur malerischen Ereignisse, die sich um die Geschichte von Fatima ranken, haben wir beiseite gelassen, um so die ganze Aufmerksamkeit ausschließlich auf das Wesentliche zu richten.

Der Aufzeichnung der Erscheinungen des Engels im Jahre 1916 und Unserer Lieben Frau im Jahre 1917 folgen die

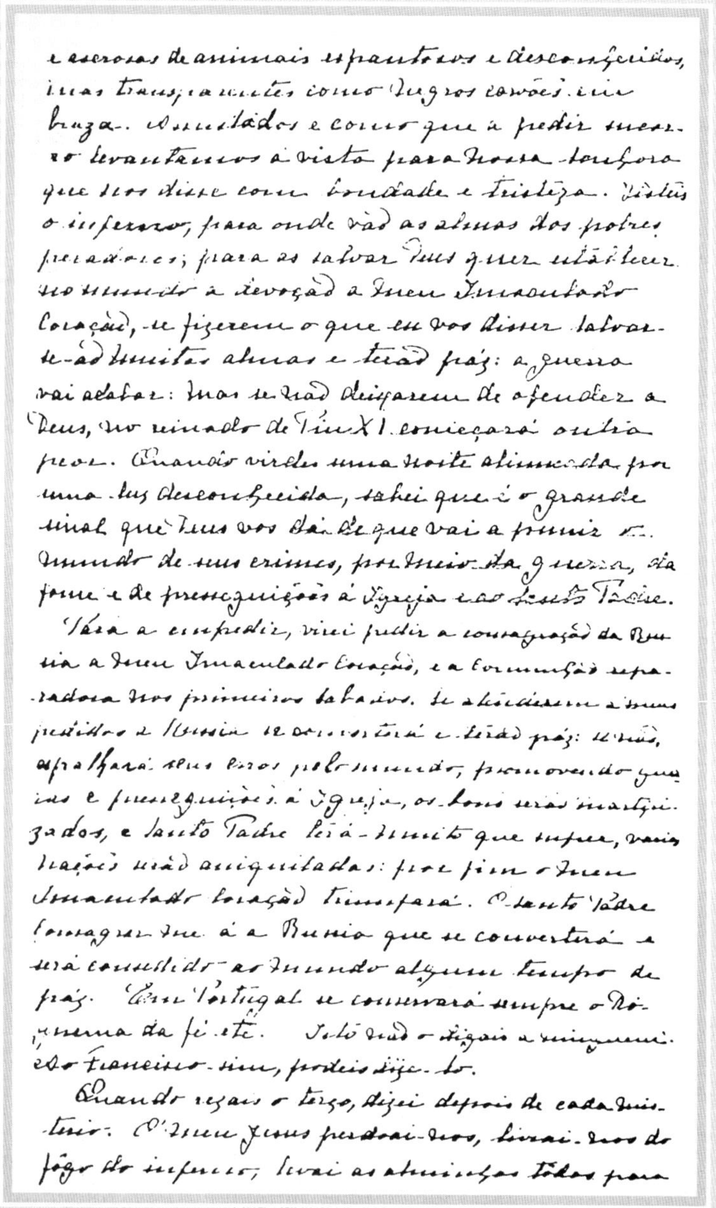
e ascrosas de animais espantosos e desconhecidos,
mas transparentes como negros carvões em
brasa. Assustados e como que a pedir socor-
ro levantamos a vista para Nossa Senhora
que nos disse com bondade e tristeza. Vistes
o inferno, para onde vão as almas dos pobres
pecadores; para as salvar Deus quer estabelecer
no mundo a devoção a Meu Imaculado
Coração, se fizerem o que eu vos disser salvar-
se-ão muitas almas e terão paz: a guerra
vai acabar: mas se não deixarem de ofender a
Deus, no reinado de Pio XI começará outra
peor. Quando virdes uma noite alumiada por
uma luz desconhecida, sabei que é o grande
sinal que Deus vos dá de que vai a punir o
mundo de seus crimes, por meio da guerra, da
fome e de perseguições à Igreja e ao Santo Padre.
Para a impedir, virei pedir a consagração da Rus-
sia a Meu Imaculado Coração, e a Comunhão repa-
radora nos primeiros sabados. Se atenderem a meus
pedidos a Russia se converterá e terão paz: se não,
espalhará seus erros pelo mundo, promovendo guer-
ras e perseguições à Igreja, os bons serão martiri-
zados, o Santo Padre terá muito que sofrer, varias
nações serão aniquiladas: por fim o meu
Imaculado Coração triunfará. O Santo Padre
consagrar-me-á a Russia que se converterá e
será concedido ao mundo algum tempo de
paz. Em Portugal se conservará sempre o dô-
gma da fé etc. Isto não o digais a ninguem.
Ao Francisco sim, podeis dizê-lo.
Quando rezais o terço, dizei depois de cada mis-
terio: O meu Jesus perdoai-nos, livrai-nos do
fôgo do inferno, levai as alminhas todas para

Eine Seite der Manuskripte

privaten Offenbarungen, die den Sehern einzeln (besonders aber Schwester Lucia) zuteil wurden. Da sie die Erscheinungen in der Grotte von Iria ergänzen, dürfen sie hier natürlich nicht fehlen. In der ersten Fassung dieser Arbeit hatten wir uns vor allem auf zwei sehr bekannte Werke gestützt, die wir auch jenen Lesern empfehlen möchten, die die ganze Geschichte von Fatima kennenzulernen wünschen. Es handelt sich einmal um das Werk des katholischen nordamerikanischen Schriftstellers William Thomas Walsh, „Our Lady of Fatima“, das auch in Brasilien in portugiesischer Sprache unter dem Titel „Nossa Senhora de Fatima“ erschienen ist. Das andere Werk stammt aus der Feder von P. João de Marchi I.M.C. und trägt den Titel „Era uma Senhora mais brilhante que o sol ...“.

Pater De Marchi hat drei Jahre in Fatima verbracht und dort die wichtigsten Zeugen der Ereignisse befragt und ihre Aussagen sorgfältig niedergeschrieben. Er hat auch Schwester Lucia interviewt und in die handschriftlichen Aufzeichnungen der Seherin, auf die wir später noch zu sprechen kommen, Einblick genommen.

William Thomas Walsh hat seine Nachforschungen in Portugal 1946 angestellt und damals mit Schwester Lucia persönlich gesprochen. Sein Buch stützt sich vor allem auf die vier von ihr verfaßten Memoiren.

Die Werke von P. De Marchi und Walsh sind sehr zuverlässig und stimmen im Wesentlichen überein. Um jedoch ganz sicher zu gehen, haben wir sie mit weiteren Autoren verglichen, die weitere Vorkommnisse ergänzen und einige Einzelheiten näher erklären. Sie werden an den jeweiligen Stellen entsprechend angeführt.

Leider hatten wir nicht die Möglichkeit eines direkten Zugangs zu der glaubwürdigsten aller Quellen, nämlich zu den handschriftlichen Aufzeichnungen Schwester Lucias. Bis auf einige wenige Fragmente, die man in den Schriften der

Autoren finden kann, in die sie selbst hatten einsehen können, blieben die Aufzeichnungen bis 1973 unveröffentlicht.

Als die vorliegende Arbeit zum fünfzigsten Jahrestag der Erscheinungen erstmals veröffentlicht wurde, gaben wir der Hoffnung, der ganzen um die Monatsschrift „Catolicismo" vereinigten geistigen Familie, Ausdruck, daß diese wertvollen Aufzeichnungen zur Erbauung aller Verehrer Unserer Lieben Frau von Fatima ungekürzt herausgegeben werden sollten.

Mit Freude können wir nun feststellen, daß dieser fromme Wunsch in Erfüllung ging, denn 1973 wurden von P. Dr. Antonio Maria Martins S.J. (s. Quellennachweis) die „Memoiren und Briefe Schwester Lucias" herausgegeben. Die äußerst sorgfältig betreute Ausgabe bringt auf gegenüberliegenden Seiten den faksimilierten Text des Manuskripts von Schwester Lucia sowie den typographisch gesetzten Text mit den entsprechenden Übersetzungen ins Französische und ins Englische.

Dennoch möchten wir hier unserem Wunsche Ausdruck verleihen, daß demnächst eine kritische Gesamtausgabe erscheinen möge, die neben den bereits veröffentlichten Memoiren und Briefen auch die zahlreichen Verhöre, denen Schwester Lucia unterzogen wurde[1], sowie verschiedene Be-

---

1) In seinem Buch *A Vidente de Fátima dialoga e responde pelas Aparições* legt der Domherr Sebastião Martins dos Reis folgende Unterlagen vor:

a) Aufeinanderfolgende Verhöre der Seherkinder, die zur Zeit der Erscheinungen vom Vicomte de Montelo (Pseudonym des Domherrn Dr. Manuel Nunes Formigão von der Patriarchalkirche zu Lissabon) durchgeführt worden waren.

b) Protokoll des holländischen Montfortanerpaters H. I. Iongen, der am 3. und 4. Februar 1946 mit Schwester Lucia gesprochen hatte und seinen Bericht über diese Unterredungen in den Mai-, Juli- und Oktober-Heften der Zweimonatszeitschrift „Médiatrice et Reine" des gleichen Jahres veröffentlichte.

c) Von der Seherin selbst am 20. Mai 1946 vorgenommene Identifikation der historischen Stätten Fatimas.

d) Befragung durch Dr. J. J. Goulven mit den schriftlichen Antworten Lucias vom 30. Juni 1946 (durch den Domherrn Sebastião Martins dos Reis weiß man, daß Schwester Lucia das Manuskript an den Bischof von Leiria geschickt hat, der es dann in dreifacher Ausfertigung maschineschreiben ließ; die drei Ausfertigungen wurden schließlich von der Seherin unterschrieben und wie folgt verteilt: Eine ging an Dr. Goulven, eine verblieb bei der Seherin und die dritte ließ der Bischof von Leiria zusammen mit dem Original archivieren. Der Autor erläutert nicht, ob er den veröf-

Geburtshaus von Francisco und Jacinta Marto.

Francisco und Jacinta mit ihren Eltern und ihren Brüdern auf dem Treppenaufgang eines benachbarten Hauses.

Oben: Das Haus der Eltern von Lucia in Aljustrel, Fatima. Unten: Lucia mit ihrer Mutter und ihren Geschwistern, nach dem Tod des Vaters im Jahre 1920.

standteile des Kanonisierungsprozesses[2] und den noch auffindbaren Briefwechsel enthalten sollte[3]. Die dem Thema Fatima zukommende Wichtigkeit rechtfertigt gewiß eine so verdienstvolle Anstrengung.

Die von Schwester Lucia niedergeschriebenen Berichte werden normalerweise als Memoiren I, II, III und IV aufgeführt.

---

fentlichten Text unmittelbar vom Manuskript oder von einer Kopie übernommen hat.)

e) Befragung durch P. José Pedro da Silva (den späteren Bischof von Viseu), auf dessen Fragen die Seherin am 1. August 1947 geantwortet hat.

Außer diesen Aussagen und den bereits erwähnten Interviews, die sie P. de Marchi und Walsh gegeben hat, unterhielt sich Schwester Lucia an fünf aufeinanderfolgenden Tagen (vom 16. bis 20. September 1935) mit dem Schriftsteller Antero de Figueiredo; diese Gespräche werden von ihr in den Memoiren (IV, S. 368-376) erwähnt.

2) Der kanonische Prozeß, der acht Jahre in Anspruch nahm und in dessen Verlauf Schwester Lucia mehrmals verhört wurde, entschied zugunsten der Erscheinungen. Der Bischof von Leiria, D. José Alves Correia da Silva ließ in seinen Hirtenbrief vom 13. Oktober 1930 folgende Verlautbarung aufnehmen:

„Angesichts der hier vorgetragenen und weiterer Betrachtungen, auf die wir um der Kürze willen hier nicht weiter eingehen, unter demütiger Anrufung des Heiligen Geistes und im Vertrauen auf den Schutz der Gottesmutter sowie nach Anhörung der ehrwürdigen Berater unseres Bistums

beschließen wir,

a) die Visionen der Kinder zwischen dem 13. Mai und Oktober in der Iria-Grotte, in der in unserem Bistum gelegenen Gemeinde Fatima, als glaubwürdig zu erklären;

b) offiziell die Verehrung Unserer Lieben Frau von Fatima gutzuheißen.

(vgl. D. Frei Francisco Rendeiro O.P., *A consagração pela Igreja do culto de Nossa Senhora de Fátima,* in *Fátima, altar do mundo,* Bd. II, S. 179-180).

3) Seiner Veröffentlichung der *Memórias e Cartas da Irmã Lúcia* hat P. Antonio Maria Martins S.J. unter anderem einige Briefe der Seherin an ihren Beichtvater P. José Bernardo Gonçalves S.J. hinzugefügt; dabei hebt er hervor, daß es dieser Priester war, der *„später den Anstoß zum wertvollsten Briefwechsel der Seherin gab. In diesen Briefen geht es größtenteils um Gewissensfragen, weshalb diese auch vorerst nicht veröffentlicht werden dürfen"* (a.a.O., S. 399). Im Vorwort zu dem Buch (S. XX) erklärt P. Martins, daß die Schriften der Seherin außer den Memoiren noch *„Tausende von Briefen enthalten, von denen die meisten nach ihrem Eintritt in den Karmel von Santa Teresa in Coimbra am 25. März 1948 verfaßt wurden."*

Den Briefwechsel mit P. Gonçalves betreffend, macht Schwester Lucia an einer Stelle Bezug auf die Zensur, die ihr auferlegt wurde und die sie daran hinderte oder es ihr erschwerte, Gewissensangelegenheiten mit ihm zu besprechen. In einem Brief an diesen Priester (vom 21. Januar 1940) drückt sie sich so aus: *„Seit langem will ich auch Ihnen schreiben, aber verschiedene Umstände haben mich daran gehindert. Der wichtigste Grund ist die Zensur. Ich wollte Ihnen nicht einfach nur schreiben,*

Der in einem gewöhnlichen, linierten Heft aufgezeichnete erste Bericht enthält persönliche Erinnerungen zur Lebensgeschichte Jacintas. Als man am 12. September 1935 die sterblichen Reste der 1920 gestorbenen kleinen Seherin von Fatima exhumierte, stellte man erstaunt fest, daß ihr Gesicht unverwest geblieben war. Der Bischof von Leiria, Msg. José Alves Correia da Silva schickte damals Schwester Lucia eine, bei der Gelegenheit gemachte, Aufnahme, und in ihrem Dankesbrief berichtete darauf Schwester Lucia von den Tugenden ihrer Kusine. Der Oberhirte wies sie nun an, alles aufzuschreiben, was sie über Jacintas Leben wußte, und so entstand das erste Manuskript, das etwa zu Weihnachten 1935 fertiggestellt wurde.

Im April 1937 gab Pater Ayres da Fonseca dem Bischof von Leiria zu bedenken, daß es in dem ersten Bericht Schwester Lucias Hinweise auf interessante, die Erscheinungen von Fatima betreffende Daten gab, die bisher völlig unbekannt geblieben waren. Auf eine Order des Bischofs José Alves Correia da Silva hin, machte sich dann Schwester Lucia daran, zwischen dem 7. und dem 21. November desselben Jahres ihre ganze Lebensgeschichte aufzuzeichnen. In dieser zweiten Schrift erzählt sie auch in kurzen Zügen von den Erscheinungen der Mutter Gottes und erwähnt zum ersten Mal öffentlich die Erscheinungen des Engels. Aus verschiedenen Gründen hatte sie bisher darüber geschwiegen: Da war zum einen der entsprechende Rat des Erzpriesters von Olival, Faustino José Jacinto Ferreira, gewesen, dem sie von den Erscheinungen

---

ohne auch wirklich das zu sagen, was ich zu sagen hatte, denn damit hätte ich Sie nur um Ihre Zeit gebracht; andererseits war es mir aber auch unmöglich, Ihnen dies unter Zensur zu schreiben. Oft hatte ich ein starkes Bedürfnis danach, aber da heißt es eben geduldig sein. Alles ist vorübergegangen, und der liebe Gott hat mir stets beigestanden; so wie er Wunden geschickt hat, hat er sie auch wieder geheilt. Er weiß ja sehr wohl, daß er der einzige Arzt auf Erden ist. Ich gebe zu, daß ich in Wirklichkeit auch daran gezweifelt habe, ob Sie mir Ihre kostbare Zeit schenken würden. Deshalb bin ich Ihnen für Ihren Brief so dankbar und für die Liebe, mit der Sie mir den Weg geöffnet haben. Der Herr lohne es Ihnen.“ (*Memórias e Cartas da Irmã Lúcia*, S. 418)

erzählt hatte, und dieser Rat war später auch vom Bischof von Leiria nochmals bekräftigt worden; andererseits hatten die Kritiken und der Spott wegen des Berichtes über die ersten Erscheinungen des Engels im Frühjahr und im Sommer 1915 sowie die strengen Verweise ihrer Mutter dazu geführt, daß sie dieses Thema nur mit größter Vorsicht und Diskretion ansprach. Es fällt übrigens in den Memoiren immer wieder auf, daß Schwester Lucia nur sehr ungern von sich selbst und folglich auch von den Erscheinungen spricht.

1941 trug der Bischof von Leiria der Seherin auf, für die neue Ausgabe des Buches über Jacinta, die der Domherr Galamba de Oliveira in Druck geben wollte, all das niederzuschreiben, was ihr noch aus dem Leben ihrer Kusine in Erinnerung geblieben war. „Dieser Auftrag", schreibt Schwester Lucia, „traf mich wie ein Lichtstrahl in tiefster Seele, denn nun wußte ich, daß die Zeit gekommen war, die beiden ersten Teile des Geheimnisses zu enthüllen." (Vgl. Memórias e Cartas da Irmã Lúcia, S. 444) Und nun begann sie ihr drittes Manuskript, mit der Enthüllung der zur Zeit bekannten Teile des Geheimnisses von Fatima, aufzuschreiben. Es folgt dann ein Bericht über den Eindruck, den diese auf den Geist Jacintas ausübten; er trägt das Datum vom 31. August 1941.

Von diesen Enthüllungen überrascht kam der Domherr Galamba de Oliveira zu dem Schluß, daß Schwester Lucia in den vorausgegangenen Unterlagen noch nicht alles gesagt hatte, und er drang daher den Bischof von Leiria, ihr zu befehlen, einen vollständigen Bericht über die Erscheinungen zu erstellen: „Befehlen Sie ihr, Herr Bischof, [...] ALLES niederzuschreiben. Aber wirklich ALLES. Daß sie lange im Fegefeuer werde herumziehen müssen, weil sie so vieles verschwiegen hat." Schwester Lucia entschuldigt sich mit dem Hinweis, daß sie immer nur aus Gehorsam so gehandelt habe. Der Domherr Galamba besteht jedoch darauf, daß der

Bischof ihr befehlen solle, „ALLES zu sagen, ALLES; daß sie nichts verschweigen dürfe“ (er bezog sich hier scheinbar auch auf den dritten Teil des Geheimnisses). Der Bischof zieht es jedoch vor, sich nicht einzumischen: „So etwas befehle ich nicht. Wenn es um Geheimnisse geht, mische ich mich nicht ein.“ Und der Seherin befiehlt er einfach, eine vollständige Erzählung über die Erscheinungen anzufertigen. (Vgl. Memórias IV, S. 314, 316 – die Hervorhebungen stammen von Schwester Lucia selbst) Es kam nun also zur Abfassung des vierten Manuskripts, das das Datum vom 8. Dezember 1941 trägt. In ihm berichtet Schwester Lucia zum ersten Mal systematisch und in der Reihenfolge von den Erscheinungen und erklärt am Ende, daß sie von dem, was sie noch im Gedächtnis behalten hatte, nichts „bewußt“ ausgelassen habe, es sei denn den dritten Teil des Geheimnisses, den zu enthüllen sie bisher noch nicht den Auftrag erhalten habe. (Vgl. Memórias IV, S. 352)

In der ersten Version dieser Arbeit haben wir versucht, gestützt auf die bibliographischen Quellen, mit größtmöglicher Treue die Abfolge der Erscheinungen zu beschreiben. Leider gab es mehrere Unstimmigkeiten auch unter den besten Autoren. Viele Zweifel konnten dann aber nach der Veröffentlichung der Manuskripte Schwester Lucias behoben werden. Einige bestehen jedoch bis heute. Es wäre also nach wie vor angebracht, die Seherin selbst zu Rate zu ziehen, damit sie möglichst alle noch anstehenden Zweifel behebe.

Um dem Wunsch unserer Leser nach mehr Authentizität in bezug auf den Inhalt der Botschaft von Fatima entgegenzukommen, haben wir die vorausgegangene Fassung mit Hilfe der jetzt veröffentlichten Manuskripte Schwester Lucias neu überarbeitet. Ansonsten gibt der Bericht über die Gespräche vollauf die eigenen Worte Schwester Lucias wieder. Es soll übrigens hervorgehoben werden, daß gegenüber der vorausgegangenen Fassung keinerlei wesentliche Änderungen vorgenommen werden mußten, denn im allgemeinen erwiesen sich die von uns herangezogenen Autoren sehr treu gegenüber dem Originaltext.

Wenn wir nun der Öffentlichkeit diese Arbeit vorlegen, so tun wir dies beseelt von dem Wunsche, dazu beizutragen, daß die Botschaft Unserer Lieben Frau von Fatima immer mehr bekannt, geliebt und beachtet werde.

„Da sahen wir in einiger
Entfernung über den Bäumen,
die nach Sonnenaufgang standen,
ein Licht weißer als der Schnee, das
die Form eines durchsichtigen
Jünglings hatte...“

Kapitel I

Erscheinungen des Engels von Portugal

VOR DEN Erscheinungen Unserer Lieben Frau hatten Lucia, Francisco und Jacinta – Lucia de Jesus dos Santos, ihr Vetter Francisco Marto und ihre Kusine Jacinta Marto, die allesamt in dem Dörfchen Aljustrel, Gemeinde Fatima, wohnten – drei Visionen des Engels von Portugal oder auch des Friedens.

Erste Erscheinung des Engels

Die erste Erscheinung des Engels ereignete sich im Frühling oder im Sommer des Jahres 1916 in einer Grotte am Cabeço-Hügel in der Nähe von Aljustrel. Nach dem Bericht von Lucia geschah folgendes:

„Wir hatten gerade angefangen zu spielen, als ein starker Wind die Bäume zu schütteln begann, so daß wir aufschauten, um zu sehen, was vor sich ging, denn der Tag war ja heiter gewesen. Da sahen wir in einiger Entfernung über den Bäumen, die nach Sonnenaufgang standen, ein Licht, weißer als der Schnee, das die Form eines durchsichtigen Jünglings hatte und mehr glänzte als ein von Sonnenstrahlen durchleuchteter Kristall.

Brunnen des Hauses von Lucia. An dieser Stelle erschien der Engel von Portugal zum zweiten Mal. Unten: Einer der Wege, den die jungen Hirten oft benutzten.

Indem er sich näherte, konnten wir seine Züge entdecken: es war ein 14 bis 15 Jahre alter, sehr schöner Junge. Wir waren überrascht und einigermaßen hingerissen. Wir sprachen kein einziges Wort. Als er bei uns ankam, sagte er:

— 'Fürchtet euch nicht! Ich bin der Friedensengel. Betet mit mir!'

Er kniete nieder und neigte die Stirn bis zur Erde. Von einer übernatürlichen Regung ergriffen, machten wir es ihm nach und wiederholten die Worte, die wir ihn sprechen hörten:

— 'Mein Gott, ich glaube an Dich, ich bete Dich an, ich hoffe auf Dich, ich liebe Dich. Ich bitte Dich um Verzeihung für alle jene, die nicht glauben, nicht anbeten, nicht hoffen und Dich nicht lieben.' Nachdem er diese Worte dreimal wiederholt hatte, stand er auf und sagte:

— 'Betet so. Die Herzen Jesu und Mariens hören aufmerksam auf die Stimme eurer Bitten.' Und dann verschwand er.

Die übernatürliche Stimmung, die uns umgab, war so stark, daß wir uns lange Zeit nicht einmal der eigenen Existenz bewußt wurden, wir verblieben in der Stellung, in der er uns zurückgelassen hatte, und wiederholten immer wieder das gleiche Gebet. Die Gegenwart Gottes war so lebhaft und innig zu spüren, daß wir es nicht einmal wagten, uns gegenseitig anzusprechen. Noch am folgenden Tag fühlten wir uns geistig von dieser Atmosphäre umgeben, die erst nach und nach abnahm.

Bei dieser Erscheinung dachte keiner von uns daran zu sprechen oder den anderen anzuraten, Stillschweigen zu wahren. Dies verstand sich ganz von selbst. Sie war so innig, daß es schwerfiel, auch nur das Geringste dazu zu sagen. Vielleicht hat sie uns am stärksten beeindruckt, weil sie die erste derart offenkundige war." (Vgl. Memórias II, S. 110-116; IV, S. 316 u. 318; De Marchi, S. 50-51; Walsh, S. 27-28, 39-40; Ayres da Fonseca, S. 119, 121; Galamba de Oliveira, S. 51-57)

Die zweite Erscheinung des Engels

Die zweite Erscheinung ereignete sich im Sommer 1916 über dem Brunnen von Lucias Elternhaus, an dem die Kinder gerade spielten. Schwester Lucia erzählt, daß der Engel ihr und den Geschwisterkindern bei der Gelegenheit sagte:

— „ 'Was tut ihr da? Betet! Betet viel! Die Heiligsten Herzen Jesu und Mariens haben Barmherziges mit euch vor. Bringt dem Allerhöchsten unablässig Gebete und Opfer dar.'

— 'Wie sollen wir uns opfern?' – fragte ich.

— 'Aus allem, was ihr könnt, macht ein Opfer zur Sühne für die Sünden, durch die Gott beleidigt wird, und als Bitte um die Bekehrung der Sünder. So werdet ihr den Frieden auf euer Vaterland herabziehen. Ich bin sein Schutzengel, der Engel Portugals. Nehmt vor allem ergeben das Leiden an, das der Herr euch schickt, und ertragt es mit Geduld.'

Dann verschwand er.

'Diese Worte des Engels haben sich tief in unseren Geist geprägt, wie ein Licht, das uns verstehen ließ, wer Gott war; wie Er uns liebte und geliebt sein wollte; den Wert des Opfers und wie es ihm gefällig war; wie Er seinetwegen die Sünder bekehrte.' “ (Vgl. Memórias II, S. 116; IV, S. 320, 322; De Marchi, S. 53; Walsh, S. 42; Ayres da Fonseca, S. 121-122; Galamba de Oliveira, S. 57-58)

Die dritte Erscheinung des Engels

Die dritte Erscheinung ereignete sich gegen Ende des Sommers oder zu Beginn des Herbstes 1916 wiederum in der Cabeço-Grotte. Schwester Lucia beschreibt die Ereignisse folgendermaßen:

„Als wir dahin kamen, begannen wir sogleich kniend und mit dem Gesicht auf der Erde das Gebet des Engels zu wiederholen: ‘Mein Gott, ich glaube an Dich, ich bete Dich an, ich hoffe auf Dich und liebe Dich usw.’ Ich weiß nicht, wie oft wir das Gebet wiederholt hatten, als wir über uns ein unbekanntes Licht strahlen sahen. Wir standen auf, um zu sehen, was da geschah, und erblickten den Engel, der in seiner Linken einen Kelch hielt und über diesem schwebte eine Hostie, von der einige Bluttropfen in den Kelch fielen. Er ließ den Kelch und die Hostie in der Luft schweben, warf sich neben uns auf die Erde nieder und wiederholte drei Mal das Gebet:

— ‘Heiligste Dreifaltigkeit, Vater, Sohn und Heiliger Geist, ich bete Dich in tiefster Ehrfurcht an und opfere Dir auf den kostbarsten Leib, das Blut, die Seele und die Gottheit Jesu Christi, der in allen Tabernakeln der Erde gegenwärtig ist, zur Sühne für die Beleidigungen, Entweihungen und die Gleichgültigkeit, durch die Er selbst beleidigt wird. Und durch die unendlichen Verdienste Seines Heiligsten Herzens und des Unbefleckten Herzens Mariens bitte ich Dich um die Bekehrung der armen Sünder.’

Daraufhin erhob er sich, nahm wieder den Kelch und die Hostie in die Hand und gab mir die Hostie, den Inhalt des Kelches gab er Jacinta und Francisco zu trinken, während er gleichzeitig sprach:

— ‘Eßt und trinkt den Leib und das Blut Jesu Christi, der von den undankbaren Menschen so entsetzlich beleidigt wird. Macht ihre Verbrechen wieder gut und tröstet euren Gott.’

Er warf sich dann wieder auf die Erde und wiederholte mit uns zusammen noch drei Mal dasselbe Gebet: ‘Heiligste Dreifaltigkeit ... usw.’ und verschwand.

Angetrieben von der übernatürlichen Gewalt, die uns umgab, ahmten wir den Engel in allem nach, das heißt, wir warfen uns nieder wie er und wiederholten die Gebete, die er gesprochen hatte. Die Gewalt der Gegenwart Gottes war so stark, daß sie uns fast ganz aufsaugte und vernichtete. Sie schien uns sogar längere Zeit des Gebrauchs der körperlichen Sinne zu berauben. In diesen Tagen führten wir unsere materiellen Handlungen unter dem Antrieb desselben übernatürlichen Wesens aus, das uns dazu veranlaßte. Groß waren der Friede und das Glück, die wir verspürten, aber nur weil die Seele innigst und ganz auf Gott konzentriert war. Die körperliche Niedergeschlagenheit war ebenfalls sehr groß.

Ich weiß nicht, warum die Erscheinungen Unserer Lieben Frau ganz andere Wirkungen in uns hervorriefen. Dieselbe innige Freude, derselbe Frieden, dasselbe Glück. Aber statt der körperlichen Niedergeschlagenheit, eine gewisse gesprächige Behendigkeit; statt dieser Vernichtung in der Göttlichen Gegenwart, Jubel und Freude; statt der Schwierigkeit zu sprechen, eine gewisse mitteilsame Begeisterung. Aber trotz dieser Gefühle spürte ich die Eingebung zu schweigen, vor allem über einige Dinge nicht zu sprechen. Bei den Verhören fühlte ich eine innerliche Eingebung, die mir die richtigen Antworten zeigte, so daß ich mich nicht an der Wahrheit zu vergehen brauchte, und die Leute dennoch nicht erfuhren, was damals verborgen bleiben sollte." (Vgl. Memórias II, S. 118; IV, S. 322-326; De Marchi, S. 54-55; Walsh, S. 43-44; Ayres da Fonseca, S. 122-123; Galamba de Oliveira, S. 58-59)

Den Erscheinungen des Engels im Jahre 1916 waren drei andere Visionen zwischen April und Oktober 1915 vorausgegangen, bei denen Lucia und drei weitere Hirtenmädchen, Maria Rosa Matias, Teresa Matias und Maria Justino, ebenfalls am Cabeço-Hügel, über dem Wald des Tales, „eine Art Wolke weißer als der Schnee, irgendwie durchsichtig und in menschlicher Gestalt" gesehen hatten. Es war „eine Gestalt wie eine Statue aus Schnee, die die Sonnenstrahlen gewissermaßen durchsichtig machten". Diese Beschreibung stammt von Schwester Lucia selbst.

Kapitel II

Die Erscheinungen der Heiligen Jungfrau

ZUR ZEIT DER Erscheinungen Unserer Lieben Frau waren Lucia de Jesus, Francisco und Jacinta Marto 10, 9 und 7 Jahre alt; sie waren in dieser Reihenfolge am 22. März 1907, am 11. Juni 1908 und am 11. März 1910 geboren. Wie wir bereits erwähnt haben, wohnten die drei Kinder in Aljustrel, einem kleinen Dorf, das zu der Gemeinde Fatima gehörte. Die Erscheinungen ereigneten sich auf einem kleinen Stück Land, das den Eltern Lucias gehörte und den Namen Cova da Iria (Grotte von Iria) trug; es lag an der Straße nach Leiria, etwa zweieinhalb Kilometer von Fatima entfernt. Unsere Liebe Frau erschien über einer kaum mehr als einen Meter hohen Steineiche. Francisco sah die Gottesmutter nur, er konnte sie nicht hören. Jacinta sah sie und hörte sie sprechen. Lucia sah die Heilige Jungfrau, hörte sie und sprach mit ihr. Die Erscheinungen erfolgten immer um die Mittagszeit herum.

Erste Erscheinung: 13. Mai 1917

Die drei Seher spielten wieder einmal an der Grotte von Iria, als sie zweimal einen blitzähnlichen Lichtschein beobachteten, und daraufhin sahen sie die Mutter Gottes über der Steineiche. Es handelte sich um „eine völlig weiß gekleidete Frau, die mehr glänzte als die Sonne und ein Licht verbreitete, das heller und stärker war als ein Kristallglas voll kristallkla-

Ihr unbeschreiblich schönes Gesicht war „weder traurig noch heiter, sondern ernst“.

rem Wasser, durch das die hellsten Sonnenstrahlen dringen", beschreibt Lucia. Ihr unbeschreiblich schönes Gesicht war „weder traurig noch heiter, sondern ernst", mit einem Ausdruck sanften Tadels.

Die wie zum Beten gefalteten Hände waren auf die Brust gestützt und nach oben gerichtet. An der rechten Hand hing ein Rosenkranz. Die Kleider schienen nur aus Licht gemacht. Das Übergewand war weiß und weiß war auch der Mantel mit goldenem Saum, der das Haupt der Jungfrau bedeckte und Ihr bis zu den Füßen reichte. Haare und Ohren konnte man nicht sehen. Die Gesichtszüge vermochte Lucia nie zu beschreiben, denn sie konnte das sie blendende himmlische Antlitz nicht anblicken. Die Seher befanden sich der Gottesmutter so nahe – etwa anderthalb Meter –, daß sie in dem Lichtkreis standen, der Sie umgab oder den Sie ausstrahlte. Das Gespräch verlief folgendermaßen[4]:

---

4) Als Walsh in seinem Interview die Frage stellte, ob sie die Worte des Engels und Unserer Lieben Frau wortwörtlich wiedergegeben habe oder nur ihrem Sinn nach, erklärte Schwester Lucia:

„Die Worte des Engels hatten eine lebhafte, beherrschende Art, sie waren von übernatürlicher Wirklichkeit und waren deshalb auch nicht zu vergessen. Sie schienen genau und unauslöschlich in mein Gedächtnis geprägt. Mit den Worten Unserer Lieben Frau hat es eine andere Bewandtnis. Ich war nicht sicher, ob jedes Wort genau stimmte. Es war mehr der Sinn, den ich erfaßte, und dann habe ich das, was ich verstanden hatte, in Worte gefaßt. Es ist dies nicht leicht zu erklären." (Walsh, engl. Ausgabe, S. 224)

Trotz dieser Schwierigkeit, das, was sie von Unserer Lieben Frau gehört hatte, in menschliche Worte zu fassen — dies geschieht häufig bei bestimmten mystischen Erscheinungen —, hat sich Schwester Lucia immer die größte Mühe gegeben, die Mitteilungen Unserer Lieben Frau Wort für Wort wiederzugeben. Dies geht deutlich aus dem Gespräch mit P. Iongen hervor, das wir im folgenden abdrucken:

„Wollten Sie sich darauf beschränken, das Geheimnis zu offenbaren," fragt P. Iongen, *„die Bedeutung dessen wiederzugeben, was die Heilige Jungfrau Ihnen gesagt hatte, oder haben Sie ihre Worte wörtlich zitiert?"*

„Wenn ich von den Erscheinungen spreche, beschränke ich mich auf den Sinn der Worte; wenn ich aber schreibe, gebe ich mir Mühe, wörtlich zu zitieren. Ich wollte also das Geheimnis Wort für Wort niederschreiben."

„Sind Sie sicher, daß Sie alles im Gedächtnis behalten haben?"

„Ich glaube ja."

„Die Worte des Geheimnisses wurden also in der Reihenfolge offenbart, in der sie mitgeteilt wurden?"

„Ja." (De Marchi, S. 308-309)

UNSERE LIEBE FRAU: „Fürchtet euch nicht, ich tue euch nichts."

LUCIA: „Woher kommt Ihr?"

UNSERE LIEBE FRAU: „Ich komme vom Himmel!" (Und Unsere Liebe Frau hob die Hand und zeigte zum Himmel).

LUCIA: „Und was wollt Ihr von mir?"

UNSERE LIEBE FRAU: „Ich bin gekommen, um euch zu bitten, sechs Monate lang jeweils am 13. zu dieser Stunde hierher zu kommen[5]. Später werde ich euch sagen, wer ich bin und was ich will. Ich werde dann noch ein siebtes Mal zurückkehren."

LUCIA: „Und werde ich auch in den Himmel kommen?"

UNSERE LIEBE FRAU: „Ja, das wirst du."

LUCIA: „Und Jacinta?"

UNSERE LIEBE FRAU: „Sie auch."

LUCIA: „Und Francisco?"

UNSERE LIEBE FRAU: „Er auch, aber er muß viele Rosenkränze beten."

LUCIA: „Ist Maria das Neves schon im Himmel?"

UNSERE LIEBE FRAU: „O, ja!"

LUCIA: „Und Amelia?"

UNSERE LIEBE FRAU: „Sie bleibt bis zum Ende der Welt im Fegefeuer.

Wollt ihr euch Gott darbieten und alles Leid ertragen, das Er euch schicken will als Akt der Sühne für die Sünden, die ihn beleidigen, und als Bitte um die Bekehrung der Sünder?"

LUCIA: „Ja, das wollen wir."

---

5) Die Seherkinder waren stets überzeugt, daß die letzte Erscheinung im Oktober stattfinden werde, wie es ihnen ja ausdrücklich während der Erscheinung im August angekündigt worden war. Das bedeutet, daß die *„sechs darauffolgenden Monate"* auch die erste Erscheinung miteinschließen. Die siebte, von der noch zu sprechen sein wird, gehört nicht zu dieser Reihe.

„Ich werde dich nie verlassen. Mein Unbeflecktes Herz wird immer eine Zuflucht für dich sein und der Weg, der dich zu Gott führen wird."

Die Seher in der Grotte von Iria am 15. Oktober 1917.

UNSERE LIEBE FRAU: „Ihr werdet also viel zu leiden haben, aber die Gnade Gottes wird euer Trost sein."

„Als sie die letzten Worte sprach (die Gnade Gottes usw.) öffnete sie zum ersten Mal die Hände und übermittelte uns – es ist Schwester Lucia, die dies schreibt – ein so starkes Licht, eine Art Reflex des Lichtes, das ihnen entströmte, daß es uns in die Brust und bis in die innerste Seele drang, so daß wir uns selbst in Gott sahen, ein Licht, heller als wir uns selbst im besten Spiegel sehen. Und dann verspürten wir das innerste Bedürfnis, auf die Knie zu fallen und innigst zu wiederholen: 'Heiligste Dreifaltigkeit, ich bete Dich an, Gott, mein Gott, ich liebe Dich im Allerheiligsten Sakrament!'

Einige Augenblicke darauf fügte Unsere Liebe Frau noch hinzu:

— „Betet jeden Tag den Rosenkranz, damit ihr den Frieden für die Welt und das Ende des Krieges erlangt."

„Danach – so beschreibt Schwester Lucia das Geschehen – stieg sie gelassen gegen Sonnenaufgang empor und verschwand schließlich in unermeßlicher Ferne. Das sie umgebende Licht öffnete sozusagen den Weg inmitten der Sterne." (Vgl. Memórias II, S. 126; IV, S. 330, 336; De Marchi, S. 58-60; Walsh, S. 52-53; Ayres da Fonseca, S. 23-26; Galamba de Oliveira, S. 63-64)

Zweite Erscheinung: 13. Juni 1917

Vor der zweiten Erscheinung nahmen die Seher wiederum einen Lichtstrahl wahr, den sie zwar als Blitz bezeichneten, in Wirklichkeit jedoch kein Blitz war, sondern der Widerschein eines Lichtes, das näherkam. Die etwa fünfzig Zuschauer, die zu der Stelle gekommen waren, beobachteten, daß sich die Sonne während der Minuten nach dem Beginn des Gesprächs verdunkelte. Andere bemerkten, daß die von Trieben bedeckte Spitze der Steineiche sich, kurz bevor Lucia zu sprechen anfing, wie unter einer Last zu beugen schien. Während des Gesprächs Unserer Lieben Frau mit den Sehern hörten einige eine Art Summen wie von einer Biene.

LUCIA: „Was wollt Ihr von mir?"

UNSERE LIEBE FRAU: „Ich will, daß ihr am 13. des kommenden Monats wieder hierher kommt, daß ihr jeden Tag den Rosenkranz betet und daß ihr lesen lernt. Später werde ich euch sagen, was ich will."[6] Lucia bat um die Heilung einer kranken Person.

UNSERE LIEBE FRAU: „Wenn sie sich bekehrt, wird sie im Laufe des Jahres geheilt werden."

LUCIA: „Ich möchte Euch bitten, uns in den Himmel mitzunehmen."

UNSERE LIEBE FRAU: „Ja, Jacinta und Francisco werde Ich schon bald holen. Du aber wirst noch einige Zeit hier bleiben. Jesus will sich deiner bedienen, damit man Mich kennen und lieben lernt. Er will die Andacht zu meinem Unbefleckten Herzen auf der Welt begründen. Dem, der sie übt, verspreche ich die Erlösung; und diese Seelen werden von Gott wie Blumen geliebt sein, die ich zum Schmuck seines Thrones aufgestellt habe."

LUCIA: „Bleibe ich allein zurück?"

UNSERE LIEBE FRAU: „Nein, Tochter. Leidest du viel? Verliere nicht den Mut! Ich werde dich nie verlassen. Mein Unbeflecktes Herz wird immer eine Zuflucht für dich sein und der Weg, der dich zu Gott führt."

Als sie diese Worte sprach – erzählt Schwester Lucia –, öffnete Sie die Hände und übermittelte uns zum zweiten Mal den Widerschein dieses unermeßlichen Lichtes. In ihm fühlten

6) Es wurde immer so verstanden, daß der Auftrag, lesen zu lernen, nur Lucia galt, denn die übrigen Seherkinder sollten ja nach den bei dieser Erscheinung geäußerten Worten Unserer Lieben Frau in Kürze in den Himmel geholt werden. Dennoch schreibt Schwester Lucia im Plural: *„... und sie sollen schreiben lernen"* (dabei kommt es übrigens zu einem kleinen Abfassungsfehler, denn im gleichen Satz wird von der zweiten zur dritten Person Plural übergegangen).

wir uns wie in Gott getaucht. Jacinta und Francisco schienen sich in dem Teil des Lichtes zu befinden, das sich zum Himmel erhob, und ich in dem Teil, der auf die Erde strahlte. Vor dem rechten Handteller Unserer Lieben Frau befand sich ein von Dornen umgebenes Herz, sie schienen in das Herz gebohrt. Wir verstanden, daß es das von den Sünden der Menschheit beleidigte Unbefleckte Herz Mariens war, das Sühne verlangte."[7]

Als sich diese Vision auflöste, erhob sich die noch immer von dem von ihr ausgehenden Licht umgebene Frau sanft und ohne Mühe von dem Bäumchen in Richtung Osten, bis sie schließlich völlig verschwand. Einige Personen, die ganz nahe gestanden hatten, merkten, wie sich die Triebe der Steineichenspitze leicht in dieselbe Richtung beugten, so als ob die Kleidung der Gottesmutter sie mitzöge. Erst Stunden später kehrten sie in ihre ursprüngliche Stellung zurück. (Vgl. Memórias II, S. 130; IV, S. 334 u. 336; De Marchi, S. 76-78; Walsh, S. 65-66; Ayres da Fonseca, S. 34-36; Galamba de Oliveira, S. 70)

Dritte Erscheinung: 13. Juli 1917

Als es zur dritten Erscheinung kam, schwebte ein leicht graues Wölkchen über der Steineiche, die Sonne wurde dunkel, eine frische Brise wehte über das Gebirge, obwohl es Hochsommer war. Herr Marto, der Vater von Jacinta und Francisco, der dies berichtet, sagt, daß er auch ein Summen wie von Fliegen in einem leeren Krug hörte. Die Seher erblickten den Widerschein des üblichen Lichtes und dann Unsere Liebe Frau über der Steineiche.

---

7) Die Seherkinder äußerten sich nur mit größter Zurückhaltung über das, was sie während der Juni-Erscheinung über die Verehrung des Unbefleckten Herzens Mariens gehört hatten; sie gingen sogar soweit, von einem Geheimnis zu sprechen, das ihnen von Unserer Lieben Frau anvertraut worden war. In ihren Erinnerungen erklärt Schwester Lucia, daß die Heilige Jungfrau sie in dieser Hinsicht nicht um Verschwiegenheit im eigentlichen Sinne gebeten hatte. *„Wir spürten jedoch, daß Gott dies von uns wollte"*, fügte die Seherin hinzu (Memórias IV, S. 336).

LUCIA: „Was wollt Ihr von mir?“

UNSERE LIEBE FRAU: „Ich will, daß ihr am 13. des kommenden Monats wieder hierher kommt, daß ihr weiter jeden Tag zu Ehren Unserer Lieben Frau vom Rosenkranz den Rosenkranz betet, um den Frieden für die Welt und das Ende des Krieges zu erlangen, denn nur sie kann euch helfen.“

LUCIA: „Ich möchte Euch bitten, uns zu sagen, wer Ihr seid, und ein Wunder zu vollbringen, damit alle glauben, daß Ihr uns erscheint.“

UNSERE LIEBE FRAU: „Kommt weiterhin jeden Monat hierher. Im Oktober werde ich sagen, wer ich bin, was ich will, und ich werde ein Wunder bewirken, das alle sehen sollen, damit sie glauben.“

Lucia bringt dann eine Reihe von Bitten vor, in denen es um Bekehrungen, Heilungen und andere Gnaden geht.

In ihrer Antwort empfiehlt Unsere Liebe Frau das Beten des Rosenkranzes, denn auf diese Weise würden ihnen die erbetenen Gnaden im Laufe des Jahres zuteil werden.[8]

Dann fuhr sie weiter fort:

„Opfert euch für die Sünder und sagt häufig, vor allem immer dann, wenn ihr ein Opfer bringt: Jesus, es geschieht aus Liebe zu Dir, für die Bekehrung der Sünder und als

---

8) Die Autoren fügen einige Einzelheiten über die Gnaden hinzu, die Lucia hier von Unserer Lieben Frau erbat. So ging es etwa um die Heilung des gelähmten Sohnes von Maria Cerreira. Unsere Liebe Frau antwortete ihr darauf, daß sie ihn weder heilen noch aus seiner Armut befreien werde, doch solle er täglich mit der Familie den Rosenkranz beten, dann werde sie ihm das zum Leben Notwendige geben. (Vgl. De Marchi, S. 91 und Ayres da Fonseca, S. 42)

Ein weiterer Kranker bat darum, bald in den Himmel geholt zu werden. Unsere Liebe Frau sagte darauf, es habe damit keine Eile, denn sie wisse sehr wohl, wann sie kommen werde, um ihn abzuholen. (Vgl. De Marchi, S. 91)

Walsh (S. 86) berichtet, daß *„Jacinta* [ihren Eltern gegenüber] *den Wunsch Unserer Lieben Frau erwähnt hat, täglich in den Familien den Rosenkranz zu beten“*. In den Berichten über die Erscheinungen finden wir bezüglich dieser frommen Übung allerdings nur diesen an den Sohn von Maria Carreira gerichteten Rat, den wir gerade angeführt haben.

Wiedergutmachung für die gegen das Unbefleckte Herz Mariens begangenen Sünden."

- Erster Teil des Geheimnisses:
  Die Vision der Hölle

„Bei diesen letzten Worten", erzählt Schwester Lucia, „öffnete sie wieder die Hände wie in den ersten beiden Monaten. Der Widerschein [des Lichtes, das von ihnen ausging] schien die Erde zu durchdringen, und wir sahen eine Art Feuermeer und in diesem Feuer die Teufel und die Seelen wie durchsichtige, schwarze oder braune Glutkohlen in menschlicher Gestalt; sie schwammen in der Glut, getrieben von den Flammen, die zusammen mit Rauchwolken aus ihnen selbst hervorschlugen und wie die Funken eines Großbrandes nach allen Seiten zerstoben, ohne Schwere und Gleichgewicht; das Schreien und Stöhnen voller Schmerz und Verzweiflung löste Grauen aus und ließ vor Entsetzen erzittern. Die Teufel unterschieden sich durch ihre schrecklichen, abscheuerregenden Gestalten in Form entsetzlicher, unbekannter Tiere, die aber durchsichtig waren wie die Glut schwarzer Kohle."

Die Vision dauerte nur einen Augenblick, in dem Lucia ein „Ach!" ausstieß. Sie meint, daß die Seher wohl vor Schreck und Entsetzen gestorben wären, wenn nicht das Versprechen Unserer Lieben Frau gewesen wäre, sie in den Himmel zu holen.

- Zweiter Teil des Geheimnisse: Die Ankündigung
  der Strafe und das Mittel, sie abzuwenden

Erschrocken und wie um Hilfe flehend, erhoben die Seher ihre Augen zu Unserer Lieben Frau, die voller Güte und Trauer zugleich zu ihnen sprach:

Die drei jungen Hirten Lucia, Francisco und Jacinta vor und nach der Vision der Hölle. Auf dem zweiten Foto, das der Ingenieur Mario Godinho in der Nähe der Kirche von Fatima aufnahm, sieht man immer noch den Schrecken auf dem Gesicht der Kinder.

UNSERE LIEBE FRAU: „Ihr habt die Hölle gesehen, wohin die Seelen der armen Sünder kommen. Zu ihrer Errettung will Gott auf der Welt die Andacht zu meinem Unbefleckten Herzen einrichten.

Wenn ihr tut, was ich euch auftrage, werden viele Seelen gerettet und es wird Friede herrschen.

Der Krieg wird zwar zu Ende gehen, wenn aber Gott weiterhin beleidigt wird, beginnt unter dem Pontifikat Pius' XI. ein noch schlimmerer.[9] Wenn ihr eine von einem unbekannten Licht erleuchtete Nacht seht, so wißt, daß dies das große Zeichen ist, das Gott euch als Hinweis darauf gibt, daß Er die Welt für ihre Verbrechen mit Krieg, Hunger und Verfolgungen von Kirche und Papst strafen wird.[10]

Um dies zu verhindern, werde ich darum bitten, daß Rußland meinem Unbefleckten Herzen geweiht werden soll und daß an den ersten Samstagen die Sühnekommunion gehalten werden soll. Wenn meine Bitten erfüllt werden, wird sich Rußland bekehren und es wird Friede herrschen; andernfalls wird es seine Irrtümer über die ganze Welt verbreiten, und es

---

9) In den Aussagen, die sie im Februar 1946 dem holländischen Montfortanerpater Iongen gegenüber machte, bestätigte Schwester Lucia, daß sie aus dem Munde Unserer Lieben Frau den Namen Pius XI. vernommen hatte, daß sie aber damals nicht wußte, ob es sich um einen Papst oder um einen König handelte.

Schwester Lucia sieht keine besondere Schwierigkeit darin, daß nach allgemeinem Verständnis der Beginn des Weltkriegs unter das Pontifikat Pius' XII. fiel. Sie ist nämlich der Meinung, daß der Anschluß Österreichs — und eine Reihe weiterer politischer Ereignisse zum Ende der Regierungszeit Pius' XI., könnten wir hinzufügen — im Grunde schon Vorwehen der kriegerischen Auseinandersetzungen waren, die dann einige Zeit darauf mit voller Wucht ausbrechen sollten. (Vgl. Gespräche mit P. Iongen, in De Marchi, S. 309)

10) Lucia sah das *„große Zeichen“* in dem außerordentlich hellen Licht, das den Himmel Europas in der Nacht vom 25. auf den 26. Januar 1938 (von 20.45 Uhr bis 1.15 Uhr, mit kurzen Unterbrechungen) erhellte und das die Astronomen als Nordlicht ansahen. Da sie davon überzeugt war, daß der Ausbruch des *„überaus schrecklichen“* Weltkriegs bevorstand, gab sie sich alle Mühe, die Erfüllung der Bitten zu bewirken, die ihr mitgeteilt worden waren (wie wir in Teil IV noch sehen werden). In diesem Sinne wandte sie sich in einem Brief direkt an Pius XI. (Vgl. De Marchi, S. 92; Walsh, S. 179-181; Ayres da Fonseca, S. 45)

„Ich will, daß ihr weiterhin jeden Tag den Rosenkranz betet."

Die jungen Hirten am Ort der Erscheinungen im September 1917.

wird zu Kriegen und Kirchenverfolgungen kommen; die Guten werden gemartert werden, der Heilige Vater wird viel zu leiden haben, mehrere Nationen werden vernichtet werden; doch am Ende wird mein Unbeflecktes Herz triumphieren. Der Heilige Vater wird mir Rußland weihen, das sich bekehren wird, und der Welt wird es gegeben sein, einige Zeit in Frieden zu leben.

In Portugal wird das Dogma des Glaubens stets bewahrt werden usw. ...

Sagt dies niemandem. Nur Francisco könnt ihr es sagen.“ [11]

Einige Augenblicke darauf:

— „Wenn ihr den Rosenkranz betet, sprecht nach jedem Geheimnis: O mein Jesus, verzeih uns unsere Sünden, bewah-

---

11) Die Vision der Hölle und die darauffolgende Ankündigung der kommenden Dinge bilden die zwei bekannten Teile des Geheimnisses von Fatima, das den Sehern während der Erscheinung im Juli mitgeteilt wurde.

Im Vorwort zur brasilianischen Ausgabe der Schriften Schwester Lucias, behauptet P. Antonio Maria Martins S.J. kategorisch, daß der dritte Teil des Geheimnisses, „dessen Text noch nicht veröffentlicht wurde, lediglich von der sogenannten ‘Krise der Kirche’ handelt“ (a.a.O., S. XVIII). Der Verfasser erklärt nicht, woher er dies weiß, und geht auch nicht näher auf das Thema ein. Die Information ist jedenfalls so plausibel, daß man fast behaupten könnte, daß das Geheimnis von Fatima diese schwerwiegende Angelegenheit nicht unerwähnt lassen konnte. Vielleicht erklärt sich auf diese Weise, warum dieser Teil der Botschaft, trotz gespannter Erwartung überall auf der Welt, noch nicht veröffentlicht wurde.

Es ist interessant festzustellen, daß Schwester Lucia in Memórias III den Bericht des zweiten Teils des Geheimnisses mit den Worten beendet: „... und der Welt wird es gegeben sein, einige Zeit in Frieden zu leben.“ In Memórias IV fügt sie als eine Art Abschluß unmittelbar hinzu: „... In Portugal wird das Dogma des Glaubens stets bewahrt werden usw. ...“ Woraus man logischerweise schließen kann, daß das Dogma des Glaubens in einem derart großen Teil der Welt verlorengehen wird, daß die Tatsache des Glaubenserhaltes in Portugal besondere Erwähnung verdient.

Was bedeutet eigentlich die Bewahrung oder Nichtbewahrung des Glaubensdogmas in einem bestimmten Land? Es ist dies schwer zu präzisieren. Gleich welche Tragweite man jedoch dem Ausdruck gibt, es handelt sich in jedem Falle um eine Glaubenskrise. Und somit stoßen wir erneut auf das äußerst gewichtige Thema der augenblicklichen Krise in der Kirche, ist doch gerade die Glaubenskrise die eigentliche Wurzel dieser Krise.

Andererseits legt das „usw. ...“, mit dem Schwester Lucia die Erzählung abschließt, den Gedanken nahe, daß sich der dritte Teil des Geheimnisses gerade in diesen Punkt des Berichtes einfügt und mit dem eben beendeten Satz in Zusammenhang steht. Aus dem Satz aber läßt sich schließen, wie wir gerade gesehen

re uns vor dem Feuer der Hölle, führe alle Seelen in den Himmel, besonders jene, die Deiner Barmherzigkeit am meisten bedürfen."[12]

LUCIA: „Wollt Ihr sonst nichts von mir?"

UNSERE LIEBE FRAU: „Nein, heute will ich sonst nichts."

Und „wie bereits üblich begann sie gegen Sonnenaufgang emporzusteigen, bis sie in der unermeßlichen Ferne des Firmaments entschwand."

---

haben, daß es auf der ganzen Welt zu einer Krise des katholischen Glaubens kommen wird. Die Vermutung, daß die Krise in der Kirche das Thema des dritten Teils des Geheimnisses sei, gewinnt damit zusehends an Wahrscheinlichkeit.

Wenn wir aber den Boden der – übrigens plausiblen – Mutmaßungen verlassen und unsere Aufmerksamkeit der Wirklichkeit zuwenden, so erkennen wir gerade in der linken Unterwanderung katholischer Kreise einen der erstaunlichsten Aspekte der kirchlichen Krise. Bereits 1968 war dieser Aspekt der Krise so alarmierend, daß damals 1,6 Millionen Brasilianer, 280 Tausend Argentinier, 105 Tausend Chilenen und 25 Tausend Uruguayer eine Botschaft an Seine Heiligkeit den Papst Paul VI. unterschrieben, in der sie um dringende Maßnahmen zur Eindämmung dieser Unterwanderung baten. (Diese denkwürdigen Unterschriftenaktionen wurden in den jeweiligen Ländern von den Gesellschaften zum Schutze von Tradition, Familie und Privateigentum veranstaltet.)

Nun ist aber gerade der Kommunismus die Geißel, mit der Gott die Welt für ihre Verbrechen bestrafen will. Im zweiten Teil des Geheimnisses sagt Unsere Liebe Frau, daß „Rußland seine Irrtümer über die Welt verbreiten wird". Wenn wir sehen, daß diese Irrtümer das heilige Schiff der Katholischen Kirche erreicht haben – Paul VI. sagt selbst, daß er den Eindruck habe, „der Rauch des Teufels sei durch irgendeinen Spalt in den Tempel Gottes eingedrungen" (Predigt vom 29. Juni 1972) –, so können wir nicht umhin zu denken, daß es eine große Übereinstimmung zwischen dem zweiten und dritten Teil des Geheimnisses gäbe, wenn dieser letztere tatsächlich von der Krise in der Kirche handeln sollte.

Schließlich hebt Schwester Lucia hervor, daß „das Geheimnis aus drei verschiedenen Dingen besteht" (s. Memórias III, S. 218). Das erste ist die Vision der Hölle; das zweite, die Ankündigung der Strafe und das Mittel, sie abzuwenden; das dritte bezieht sich – nach der Behauptung von P. Antonio Maria Martins S.J. und den Mutmaßungen zu urteilen, die wir gerade angestellt haben – auf die Krise in der Kirche, Umstand der Verurteilung unzähliger Seelen zur Hölle (erster Teil des Geheimnisses) und einer der Gründe für die Strafe, die über die Welt kommen wird (zweiter Teil des Geheimnisses).

12) Von diesem Stoßgebet gibt es mehrere Versionen. Selbst in Schwester Lucias Schriftstücken und Interviews finden sich kleine Abwandlungen. Die hier abgedruckte Formulierung ist in *Memórias IV*, S. 340 und 342 zu finden und wurde in dieser Form von der Seherin auch Walsh gegenüber bestätigt (S. 197). In *Memórias III*, S. 220, steht *„die"* statt *„diejenigen"*; so steht es auch in einem Brief an P. José

Es war nun eine Art Donner als Zeichen dafür zu hören, daß die Erscheinung zu Ende war.[13] (Vgl. Memórias II, S. 138; III, S. 218 u. 220; IV, S. 336 bis 342; De Marchi, S. 90-93; Walsh, S. 75-77; Ayres da Fonseca, S. 41-46; Galamba de Oliveira, S. 72-78 u. 146-147)

Bernardo Gonçalves S.J. (Vgl. *Memórias e Cartas da Irmã Lucia,* S. 442). In der Antwort auf die Fragen Dr. Goulvens steht der letzte Satz jedoch in folgender Fassung: *„und hilf vor allem denen, die es am nötigsten haben."* (Vgl. Sebastião Martins dos Reis, *A Vidente de Fátima dialoga e responde pelas Aparições,* S. 39) Man sieht also, daß sich die letztgenannte Fassung am meisten von den anderen unterscheidet; andererseits handelt es sich auch um die Formulierung, auf der die Seherin am wenigsten besteht und die nur in einem Dokument zitiert wird. Wir wissen übrigens gar nicht, ob der Domherr Sebastião Martins dos Reis, der sie veröffentlicht hat, diese unmittelbar aus dem Manuskript oder aus einer maschinenschriftlichen Kopie übernommen hat; sollte letzteres der Fall sein, wäre es sicher interessant, das Manuskript mit der maschinenschriftlichen Kopie der Unterredung zu vergleichen, um festzustellen, ob es sich nicht etwa um einen Übertragungsfehler handelt.

Sicher ist jedenfalls, daß die Seherkinder bei diesem Stoßgebet die Seelen im Sinne hatten, die die größte Gefahr laufen, verurteilt zu werden, und nicht die Seelen im Fegefeuer. Schwester Lucia sagt dies ausdrücklich in ihrem Brief vom 18. Mai 1941 an P. Gonçalves: *„Man hat es* [das Stoßgebet] *so übersetzt, als ob die letzte Bitte den Seelen im Fegefeuer gelte, denn sie meinten den Sinn der letzten Worte nicht zu verstehen; ich glaube aber, daß Unsere Liebe Frau die Seelen meinte, die in größter Gefahr schweben, verurteilt zu werden. Das ist der Eindruck, der mir geblieben ist, und vielleicht scheint es Ihnen auch so, wenn Sie den Teil gelesen haben, den ich über das Geheimnis geschrieben habe, und wenn Sie erfahren, daß sie es uns danach, während der 3. Erscheinung im Juli, gelehrt hat."* (Vgl. *Memórias e Cartas da Irmã Lucia,* S. 442). Deshalb ist die Fassung *„Lieber Jesus, vergib uns, bewahre uns vor dem Feuer der Hölle, lindere die Schmerzen der Seelen im Fegefeuer, vor allem der verlassensten"* sicher die am wenigsten korrekte.

Daß im Original von *„alminhas"* (kleinen Seelen) die Rede ist, hängt mit dem Sprachgebrauch der portugiesischen Provinz zusammen; man pflegt das Stoßgebet deshalb ohne diese Verkleinerungsform zu gebrauchen.

13) Als die Kinder nach der Erscheinung mit Fragen darüber überschüttet wurden, was denn die Heilige Jungfrau gesagt habe, erklärten sie, es handle sich um ein Geheimnis. *„Um ein gutes oder ein böses?"* fragten die Leute weiter. *"Gut für die einen, schlecht für die anderen"*, antworteten daraufhin die Kinder. (Vgl. De Marchi, S. 94; Walsh, engl. Ausgabe, S. 84; in der Ausgabe in portugiesischer Sprache fehlt dieser Dialog).

Als der Domherr Dr. Manuel Nunes Formigão Francisco und Jacinta vor der letzten Erscheinung fragte, ob *„die Leute traurig würden, wenn sie das Geheimnis kennen würden"*, antworteten diese: *„Ja, so ist es"*. (Vgl. De Marchi, S. 151-152; Walsh, S. 121).

War die während der Juli-Erscheinung angekündigte Strafe wohl der Weltkrieg 1939-1945? Eine Analyse des Textes scheint den Schluß nahezulegen, daß der Zweite Weltkrieg nur der Anfang oder der Vorraum der großen Strafe war.

Vierte Erscheinung: 15. August 1917

Am 13. August, an dem die vierte Erscheinung stattfinden sollte, konnten die Seherkinder nicht zur Grotte von Iria kommen, weil sie der Amtsmann von Ourém, der ihnen mit Gewalt das Geheimnis entreißen wollte, entführt hatte. Die Kinder blieben jedoch standhaft.

Zur üblichen Stunde war an der Grotte von Iria ein Donnern zu hören, dem ein Blitz folgte. Die Anwesenden sahen über der Steineiche eine kleine weiße Wolke schweben. Sie bemerkten auch, wie sich die Gesichter und Kleider der Leute, die Bäume und der Boden verschiedenartig färbten. Gewiß war Unsere Liebe Frau erschienen, doch die Seherkinder hat sie nicht angetroffen.

Am 15. August[14] befand sich Lucia mit Francisco und einem weiteren Vetter an einem Ort Namens Valinhos, auf einem Feld, das ihren Onkeln gehörte, als gegen vier Uhr

---

Tatsächlich kündigt Unsere Liebe Frau an, daß *„mehrere Völker vernichtet werden"*. Nun wurden zwar während des Krieges und danach eine Reihe von Völkern hart gestraft, doch kann man nicht behaupten, sie seien vernichtet worden.

Andererseits hat Schwester Lucia nach Kriegsende (15.Juli 1946) in einem Gespräch mit Walsh folgendes bemerkt: *„Wenn dies geschieht* [die Weihe Rußlands], *wird sie* [die Heilige Jungfrau] *Rußland bekehren, und es wird Friede sein. Andernfalls werden sich die Irrtümer Rußlands über alle Länder der Welt verbreiten."* Walsh fragte nun: *„Bedeutet das Ihrer Meinung nach, daß alle Länder ausnahmslos vom Kommunismus erobert werden?"* Und die Seherin antwortete darauf: *„Ja"*. (Walsh, engl. Ausgabe, S. 226)

In Wirklichkeit hat die Ausbreitung des Kommunismus und seine weltweite ideologische Verbreitung vor allem nach dem Ende des Krieges angesetzt. Man muß also annehmen, daß die von der Gottesmutter angekündigte Strafe gerade im Gange ist.

Wenn die Strafe schließlich schon vorüber wäre, hätte auch der Teil der Botschaft in Erfüllung gehen müssen, der vom Sieg der Heiligen Jungfrau und der Errichtung ihres Reiches spricht, wie dies deutlich aus den Worten hervorgeht: *„Am Ende wird mein Unbeflecktes Herz triumphieren"*. Aber gerade dies ist mit größter Sicherheit noch nicht eingetreten.

Aus all dem Gesagten kann man demnach schließen, daß die schrecklichen Leiden des Zweiten Weltkrieges nur als Vorwehen der durch Unsere Liebe Frau angekündigten und immer noch bevorstehenden Strafen angesehen werden sollten.

14) Es gibt Zweifel in bezug auf dieses Datum. Selbst Schwester Lucia kann sich nicht genau erinnern; in den Memoiren II und IV sagt sie zwar, daß es an diesem Tag war, in der Antwort an Dr. Goulven entscheidet sie sich jedoch für den

Lucia befand sich mit Francisco und einem weiteren Vetter an einem Ort namens Valinhos auf einem Feld, das ihren Onkeln gehörte, als gegen vier Uhr nachmittags in der Atmosphäre die gleichen Veränderungen vor sich gingen, die den Erscheinungen Unserer Lieben Frau in der Grotte von Iria vorauszugehen pflegten.

nachmittags in der Atmosphäre die gleichen Veränderungen vor sich gingen, die den Erscheinungen Unserer Lieben Frau in der Grotte von Iria vorauszugehen pflegten: ein frischer Luftzug kam auf und die Sonne verfinsterte sich. Lucia, die gemerkt hatte, daß etwas Übernatürliches im Anzug war, ließ schnell Jacinta rufen, die dann auch noch rechtzeitig ankam, um Unsere Liebe Frau zu sehen, die – wie bei den anderen Malen von einem Lichtreflex angekündigt – über einer Steineiche, die ein bißchen größer war als die der Grotte von Iria, erschienen war.

LUCIA: „Was wollt Ihr von mir?"

UNSERE LIEBE FRAU: „Ich will, daß ihr weiter am 13. zur Grotte von Iria kommt und daß ihr weiter jeden Tag den Rosenkranz betet. Im letzten Monat werde ich das Wunder bewirken, damit alle glauben."[15]

LUCIA: „Was soll mit dem Geld geschehen, das die Leute in der Grotte von Iria lassen?"

---

19. und bemerkt am Rande: *„Ich neige mehr zu diesem Datum, denn wenn es am 15. gewesen wäre, hätte man uns nur einen ganzen Tag lang in Haft gehalten, ich kann mich aber erinnern, daß es länger war."* (Sebastião Martins dos Reis, *A Vidente de Fátima dialoga e responde pelas Aparições,* S. 43)

Beim kanonischen Verhör am 8. Juli 1924 berichtet Lucia in Einzelheiten über jeden Tag ihrer Haft (und der übrigen Seherkinder); dabei sagt sie, daß alle drei am 16. von Ourém zurückkehrten. Dementsprechend sehen die meisten Autoren den 19. August als den wahrscheinlichsten Tag an, denn dieser fiel auf den darauffolgenden Sonntag, und die Seherin kann sich erinnern, daß die Erscheinung an einem Feiertag stattfand.

Nun behauptet aber Schwester Lucia sowohl in ihren Memoiren II und IV wie auch im kanonischen Verhör mit aller Entschiedenheit, daß die Erscheinung von Valinhos sich am gleichen Tag ereignete, an dem sie aus Vila Nova de Ourém zurückgekehrt war. Da die Kinder am 13. entführt worden waren, wären sie bis zum 19. ganze sechs Tage in der Haft verblieben — eine Frist, die wohl etwas überlang sein dürfte.

Galamba de Oliveira entscheidet sich deshalb für den 15. (S. 83) und gibt zu bedenken, daß sich Lucia 1924 vor der kanonischen Kommission um eine Nacht und einen Tag geirrt haben könnte.

15) An diesem Punkt fügt De Marchi den Worten Unserer Lieben Frau hinzu: *„Wenn sie euch nicht ins Dorf* (Vila Nova de Ourém war früher ein Dorf gewesen und wurde in der Gegend noch immer so genannt) *gebracht hätten, wäre das Wunder noch großartiger gewesen."* Dieser Satz wird von keinem weiteren Autor zitiert und erscheint auch nicht in den Memoiren von Schwester Lucia.

UNSERE LIEBE FRAU: „Macht zwei Traggestelle; eins trägst du mit Jacinta und zwei weiteren, weiß gekleideten Mädchen, das andere Francisco mit noch drei Jungen. Das Geld der Traggestelle ist für das Fest Unserer Lieben Frau vom Rosenkranz, und was übrigbleibt, ist für eine Kapelle bestimmt, die ihr bauen lassen sollt."[16]

LUCIA: „Ich wollte Euch um die Heilung einiger Kranker bitten."

UNSERE LIEBE FRAU: „Ja, ich werde im Lauf des Jahres einige heilen." Und indem ihre Züge trauriger wurden, empfahl sie ihnen wieder Übungen der Abtötung, um schließlich mit diesen Worten zu enden: „Betet, betet viel und bringt Opfer für die Sünder, denn viele Seelen kommen in die Hölle, weil sich keiner für sie opfert und für sie bittet.

Und wie es üblich war, begann sie nach Sonnenaufgang aufzusteigen."

Die Seher schnitten Zweige von dem Baum ab, über dem ihnen Unsere Liebe Frau erschienen war, und nahmen sie mit nach Hause. Die Zweige strömten einen besonders zarten Wohlgeruch aus. (Vgl. Memórias II, S. 150; IV, S. 342 u. 344; De Marchi, S. 127-129; Walsh, S. 109-110; Ayres da Fonseca, S. 61-62; Galamba de Oliveira, S. 89)

Fünfte Erscheinung: 13. September 1917

Wie die anderen Male wurden von den Anwesenden, deren Anzahl auf 15 bis 20 Tausend oder mehr geschätzt wurde, eine Reihe von Vorgängen in der Atmosphäre beobachtet: das Licht der Sonne wurde so schwach, daß man die Sterne sehen konnte; es fiel eine Art Regen wie von schillernden Blumenblättern oder Schneeflocken, die sich jedoch auflösten, bevor

---

16) Nach dem Bericht, den Lucia dem Pfarrer von Fatima am 21. August 1917 erstattete und der später auch in den Antworten auf das kanonische Verhör vom 8. Juli 1924 bestätigt wurde, soll dieser Satz nicht bei der vierten, sondern erst bei der fünften Erscheinung ausgesprochen worden sein; De Marchi verlegt ihn denn auch dementsprechend auf dieses Datum. (Vgl. De Marchi, S. 127)

sie den Boden berührten; diesmal fiel besonders eine leuchtende Kugel auf, die langsam und erhaben von Osten nach Westen und am Ende der Erscheinung in Gegenrichtung zog. Wie bereits üblich erblickten die Seher den Widerschein eines Lichtes und danach Unsere Liebe Frau über der Steineiche:

UNSERE LIEBE FRAU: „Betet weiter den Rosenkranz, damit ihr das Ende des Krieges zuwege bringt. Im Oktober kommen auch Unser Herr Jesus Christus, Unsere Liebe Frau von den Sieben Schmerzen und vom Berg Karmel und der Heilige Joseph mit dem Jesuskind, um die Welt zu segnen. Gott ist mit euren Opfern zufrieden, Er will aber nicht, daß ihr mit dem Strick schlaft, legt ihn nur während des Tages an.“[17]

LUCIA: „Die Leute haben mich gebeten, Euch um viele Dinge zu bitten: um die Heilung einiger Kranker und eines Taubstummen.“

UNSERE LIEBE FRAU: „Ja, einige werde ich heilen, andere nicht.[18] Im Oktober werde ich ein Wunder vollbringen, damit alle glauben.“[19]

---

17) Die Kinder waren dazu übergegangen, ein Stück dicken Stricks als Bußgurt zu tragen, den sie nicht einmal vor dem Schlafengehen ablegten. Er hinderte sie oft daran zu schlafen, so daß sie ganze Nächte lang wach blieben. Deshalb das Lob und die Empfehlung unserer Lieben Frau.

18) Bei De Marchi geht der Satz Unserer Lieben Frau weiter: *„denn der Herr vertraut ihnen nicht“*. Nach den Antworten, die sie Dr. Goulven gegeben hat, sagt Schwester Lucia, daß sie sich nicht erinnern könne, diesen Satz mitgeteilt zu haben (vgl. Sebastião Martins dos Reis, *A Vidente de Fátima dialoga e responde pelas Aparições,* S. 45).

An dieser Stelle, erwähnt De Marchi noch die folgende Bitte Lucias an Unsere Liebe Frau: *„Viele behaupten, ich sei ein aufdringlicher Mensch und verdiene, aufgehängt oder verbrannt zu werden. Tun Sie bitte ein Wunder, damit alle glauben.“*

Diese Sätze sind aber nicht in Lucias Memoiren zu finden.

19) De Marchi fügt noch folgenden Dialog hinzu:

Lucia: *„Die Leute haben mir zwei Briefe für Sie übergeben sowie ein Fläschchen Kölnisch Wasser.“*

Unsere Liebe Frau: *„Das nützt nichts für den Himmel.“*

In einer Antwort auf die Fragen von P. José Pedro da Silva sagt Schwester Lucia, daß sie sich nicht daran erinnere, Unserer Lieben Frau *„Parfüm“* ausgehändigt zu haben (vgl. Sebastião Martins dos Reis, *A Vidente de Fátima dialoga e responde pelas Aparições,* S. 63). Auch in den Memoiren der Seherin taucht dieser Dialog nicht auf.

Und sie begann aufzusteigen und entschwand wie üblich. (Vgl. Memórias II, S. 156; IV, S. 346 u. 348; De Marchi, S. 138-139; Walsh, S. 115-116; Ayres da Fonseca, S. 70-71; Galamba de Oliveira, S. 93)

Sechste und letzte Erscheinung: 13. Oktober 1917

Wie die andern Male erblickten die Seher den Widerschein eines Lichtes und daraufhin Unsere Liebe Frau über der Steineiche:

LUCIA: „Was wollt Ihr von mir?"

UNSERE LIEBE FRAU: „Ich möchte dir sagen, ihr sollt mir zu Ehren hier eine Kapelle bauen, ich bin die Frau vom Rosenkranz, und daß ihr weiterhin jeden Tag den Rosenkranz beten sollt. Der Krieg wird zu Ende gehen und die Soldaten werden schon bald nach Hause zurückkehren."

LUCIA: „Ich hätte Euch um so viele Dinge zu bitten. Ob Ihr die Kranken heilt und einige Sünder bekehrt ..."

UNSERE LIEBE FRAU: „Einige ja, andere nicht.[20] Sie müssen sich bessern und um Verzeihung ihrer Sünden bitten." Und sie wurde traurig und sagte: „Beleidigt nicht mehr Gott, den Herrn, der schon so sehr beleidigt wurde."[21]

Dann öffnete die Gottesmutter ihre Hände und spiegelte sie in der Sonne, und während sie sich erhob, fiel der Widerschein ihres eigenen Lichtes auf die Sonne. In diesem Augenblick rief Lucia aus: „Schaut zur Sonne!"

---

20) In einem Brief vom 18. Mai 1941 an P. José Bernardo Gonçalves S.J. erklärt Schwester Lucia an dieser Stelle, Unsere Liebe Frau habe gesagt, sie werde einige dieser Gnaden in Jahresfrist gewähren, andere nicht (vgl. *Memórias e Cartas da Irmã Lucia,* S. 442).

21) De Marchi schließt diese Erscheinung wie folgt ab:

Lucia: *„Wollen Sie sonst nichts von mir?"*

Unsere Liebe Frau: *„Sonst will ich nichts."*

Lucia: *„Und ich will auch sonst nichts."*

Dieser malerische Dialog wird in Schwester Lucias Memoiren nicht erwähnt.

...IMO SETIMO ANO—N.º 12:876 Numero avulso 1 centavo (10 réis) Segunda-feira, 15 de outubro de 1917

O SECULO

...ÃES E AUSTRIACOS

AS ELEIÇÕES SUPLEMENTARES DE HONTEM

COISAS ESPANTOSAS!

COMO O SOL BAILOU AO MEIO DIA EM FÁTIMA

Während der ganzen Erscheinung hatte es geregnet. Doch als das Gespräch zu Ende war, traten die Wolken auseinander und man konnte die Sonne als eine riesige Silberscheibe sehen. Die Kugel schien zu erzittern, sich zu schütteln, um dann im Zickzackkurs auf die schreckerfüllte Menge herabzustürzen.

„Beleidigt nicht mehr Gott, den Herrn, der schon so sehr beleidigt wurde.“

Das Sonnenwunder wurde vom Journalisten Avelino de Almeida von der Zeitung „O Século“ aus Lissabon fotografiert. Am folgenden Montag, den 15. Oktober 1917, veröffentlichte die Zeitung einen umfangreichen Bericht über das Ereignis und ein weiterer Bericht wurde am 29. desselben Monats in „A Illustracao Portuguesa“ veröffentlicht.

Die Mutter Gottes war bereits in der unendlichen Weite des Firmaments entschwunden, als sich vor den Augen der Seher nacheinander drei Bilder entfalteten, von denen das erste die freudenreichen Geheimnisse des Rosenkranzes darstellte, das nächste die schmerzensreichen und schließlich die glorreichen (lediglich Lucia sah alle drei Bilder; Francisco und Jacinta sahen nur das erste):

Neben der Sonne erschienen der Heilige Joseph mit dem Jesuskind und Unsere Liebe Frau vom Rosenkranz. Es war die Heilige Familie. Die Jungfrau war in weiß gekleidet und trug einen blauen Mantel. Auch der Heilige Joseph war ganz in weiß gekleidet und der Jesusknabe in hellrot. Der Heilige Joseph segnete die Menge, indem er dreimal das Kreuzzeichen machte. Der Jesusknabe tat dasselbe.

Es folgte dann die Vision Unserer Lieben Frau von den Sieben Schmerzen und Unseres Herrn Jesus Christus als Leidensmann auf dem Weg zum Kalvarienberg. Unser Herr segnete das Volk, indem er ein Kreuzzeichen machte. Die Mutter Gottes trug kein Schwert in der Brust. Lucia sah nur den Oberteil des Körpers Unseres Herrn Jesus Christus.

Am Ende erschien in einer glorreichen Vision Unsere Liebe Frau vom Berge Karmel, gekrönt als Königin des Himmels und der Erde, Sie trug den Jesusknaben auf dem Arm. Während sich diese Szenen vor den Augen der Seher abspielten, wohnte die große Menge von 50 bis 70 Tausend Zuschauern dem Sonnenwunder bei.

Während der ganzen Erscheinung hatte es geregnet. Doch als das Gespräch zwischen Lucia und Unserer Lieben Frau zu Ende war, die Heilige Jungfrau aufstieg und Lucia rief „Schaut zur Sonne!“, traten die Wolken auseinander und man konnte die Sonne als eine riesige Silberscheibe sehen. Sie strahlte so stark wie nie, und doch blendete sie nicht. Dies dauerte nur einen Augenblick, danach begann die riesige Kugel zu „tanzen“. Wie ein enormes Feuerrad drehte sich die

Sonne in hoher Geschwindigkeit. Dann hielt sie einige Zeit an, um sich hernach erneut schwindelerregend um sich selbst zu drehen. Später wurde ihr Rand scharlachfarben, und sie glitt über den Himmel wie ein Strudel, der rote Feuerzungen verbreitete. Dieses Licht spiegelte sich auf dem Boden, in den Bäumen, im Gebüsch, ja selbst auf den Gesichtern der Menschen und auf ihren Kleidern in glänzenden Tönungen und verschiedenen Farben wieder.

Nach dreimaliger Ausführung dieses Wunders, schien die Kugel zu erzittern, sich zu schütteln, um dann im Zickzackkurs auf die schreckerfüllte Menge herabzustürzen. Dies alles dauerte etwa zehn Minuten. Schließlich kehrte die Sonne in Zickzacklinie zu ihrem Ausgangspunkt zurück und schien wieder ruhig und strahlend im gleichen Glanz wie alle Tage sonst. Der Zyklus der Erscheinungen war nun abgeschlossen. Viele Leute stellten erstaunt fest, daß ihre vom Regen durchnäßten Kleider plötzlich getrocknet waren.

Das Sonnenwunder wurde auch von vielen Zeugen beobachtet, die sich nicht am Erscheinungsort selbst, ja sogar bis zu 40 Kilometern von diesem entfernt befanden. (Vgl. Memórias II, S. 162; IV, S. 348 u. 350; De Marchi, S. 165-166; Walsh, S. 129-131; Ayres da Fonseca, S. 91-93; Galamba de Oliveira, S. 95-97)

Jacinta und Lucia

KAPITEL III

Einige gesonderte Visionen

IN DER KURZEN ZEIT, die sie nach den Erscheinungen noch auf der Erde verbrachten, und selbst in dem Zeitraum, der die Erscheinungen umfaßte, hatten Francisco und Jacinta, vor allem aber letztere, einzeln verschiedene Visionen. Wir werden hier von den wichtigsten berichten, die Jacinta hatte.

„Ich habe den Heiligen Vater gesehen ... "

Einmal wandte sich Jacinta gegen Mittag am Brunnen von Lucias Elternhaus an diese und fragte:

— „Hast du nicht den Heiligen Vater gesehen?"

— „Nein."

— „Ich weiß nicht, wie es geschehen ist, ich habe den Heiligen Vater in einem sehr großen Haus auf den Knien vor einem Tisch gesehen, er hielt die Hände vors Gesicht und weinte; vor dem Hause befanden sich eine Menge Leute, und einige warfen Steine auf ihn, andere verfluchten ihn und riefen ihm schlimme Worte zu. Der arme Heilige Vater, wir müssen viel für ihn beten!" (Vgl. Memórias III, S. 228; De Marchi, S. 98-99; Walsh, S. 85; Ayres da Fonseca, S. 136)

Als die Kinder eines Nachmittags im August 1917 auf den Felssteinen des Cabeço-Hügels saßen, begann Jacinta plötzlich das Gebet zu sprechen, das der Engel sie gelehrt hatte, und nach einem tiefen Schweigen sagte sie zu ihrer Kusine:

— „Siehst du nicht so viele Straßen, so viele Wege und Felder voller Menschen, die vor Hunger weinen und nichts zu essen haben? Und der Heilige Vater betet in einer Kirche vor dem Unbefleckten Herzen Mariens? Und so viele Leute, die mit ihm beten?“ (Vgl. Memórias III, S. 228; De Marchi, S. 99; Walsh, S. 84; Ayres da Fonseca, S. 137)

Eines Tages traf Lucia Jacinta nachdenklich zu Hause an und fragte sie:

— „Jacinta, woran denkst du?“

— „An den Krieg, der kommen wird. So viele Menschen werden sterben! Und fast alle kommen in die Hölle! Viele Häuser werden zerstört werden und viele Priester getötet. Schau, ich gehe in den Himmel, und du, wenn du in der Nacht das Licht siehst, von dem jene Frau gesprochen hat, daß es vorher kommt, flieh du auch dahin.“ (Vgl. Memórias III, S. 228; De Marchi, S. 238; Walsh, S. 85; Ayres da Fonseca, S. 161-162)

Die letzten Visionen Jacintas

Ende Oktober 1918 wurden Francisco und Jacinta fast gleichzeitig krank. Als Lucia sie besuchte, fand sie Jacinta voller Freude. Und diese erklärte ihr den Grund:

— „Unsere Liebe Frau ist gekommen, um nach uns zu sehen, und sie hat gesagt, daß sie Francisco schon sehr bald in den Himmel holt. Mich hat sie gefragt, ob ich noch mehr Sünder bekehren wolle. Ich habe dies bejaht. Sie hat mir gesagt, daß ich in ein Krankenhaus komme und dort viel leiden werde. Ich solle für die Bekehrung der Sünder, zur Sühne für die Sünden gegen das Unbefleckte Herz Mariens und aus Liebe zu Jesus leiden. Ich habe gefragt, ob du mitkommst. Sie hat dies verneint. Das ist für mich das Schwerste. Sie hat gesagt, daß meine Mutter mich hinbringt und daß ich dann allein da bleibe!" (Vgl. Memórias I, S. 70; De Marchi, S. 227; Walsh, S. 146; Ayres da Fonseca, S. 153)

Lucia hat die beiden Seher während ihrer Krankheit oft besucht. Sie haben sich dabei ausführlich über die Ereignisse unterhalten, in deren Mittelpunkt sie gestanden hatten. Wir geben hier einige Bemerkungen Jacintas wieder:

— „Es fehlt nicht mehr viel, daß ich in den Himmel komme. Du bleibst hier, um zu sagen, daß Gott die Verehrung des Unbefleckten Herzens Mariens in die Welt einführen will. Wenn du davon sprechen sollst, versteck dich nicht, sag allen Leuten, daß Gott uns seine Gnaden durch das Unbefleckte Herz Mariens gewährt, sie sollen sie deshalb von ihr erbitten. Das Herz Jesu will, daß neben Ihm das Unbefleckte Herz Mariens verehrt werde. Daß sie das Unbefleckte Herz Mariens um den Frieden bitten sollen, den Gott ihr übergeben hat. Wenn ich in die Herzen aller Leute das Feuer pflanzen könnte, das ich in meiner Brust habe und das mich verbrennt und mich so sehr das Herz Jesu und das Herz Mariens lieben läßt!" (Vgl. Memórias III, S. 234; De Marchi, S. 244; Walsh, S. 156)

— „Schau, weißt du? Unser Herr Jesus Christus ist traurig, denn Unsere Liebe Frau hat uns gesagt, wir sollen Ihn nicht mehr beleidigen, daß er schon sehr beleidigt wurde und daß sich keiner darum gekümmert hat; sie begehen weiter dieselben Sünden." (Vgl. Memórias III, S. 236; De Marchi, S. 243; Walsh, S. 157)

Ende Dezember 1919 erschien Unsere Liebe Frau wieder Jacinta, die das Ereignis folgendermaßen ihrer Kusine berichtete:

— „Sie hat mir gesagt, daß ich nach Lissabon in ein anderes Krankenhaus komme [22], daß ich dich nicht mehr sehen werde und auch meine Eltern nicht; daß ich nach vielem Leiden allein sterben werde; daß ich aber keine Angst haben soll, da sie mich in den Himmel holt.“ (Vgl. Memórias I, S. 74 u. 76; De Marchi, S. 245; Walsh, S. 157; Ayres da Fonseca, S. 162)

„Wer hat dich so viele Dinge gelehrt?“

Jacinta wurde nach Lissabon gebracht und blieb zuerst in einem an die Kirche Unserer Lieben Frau von den Wundern angebauten Waisenhaus, bevor sie in das Krankenhaus Dona Estefania gebracht wurde. Im Waisenhaus wurde sie von der Ordensschwester Maria da Purificação Godinho betreut, die ihre letzten Worte, wenn auch nicht immer wörtlich, aufgezeichnet hat.

Im folgenden geben wir einen Teil davon wieder. Sie klingen prophetisch und sind voller Salbung und Lehren. Bei De Marchi finden wir sie geordnet nach Themen.

Über den Krieg

„Unsere Liebe Frau hat gesagt, daß es auf der Welt viele Kriege und Zwietracht gibt.

Die Kriege sind nichts als Strafen für die Sünden der Welt.

Unsere Liebe Frau kann den Arm ihres geliebten Sohnes über der Welt nicht mehr aufhalten. Es ist notwendig, Buße zu tun. Wenn wir uns bessern, kommt Unser Herr Jesus Christus der Welt noch zu Hilfe; sollten wir uns aber nicht bessern, kommt die Strafe.

---

22) Im Juli 1919 wurde Jacinta nach Vila Nova de Ourém ins Krankenhaus gebracht, wo sie zwei Monate blieb.

Unser Herr Jesus Christus ist zutiefst entrüstet über die Sünden und Verbrechen, die in Portugal begangen werden. Deshalb droht unserem Land und vor allem der Stadt Lissabon eine schreckliche Katastrophe gesellschaftlicher Natur. Es scheint, daß ein Bürgerkrieg anarchistischer oder kommunistischer Prägung ausbrechen wird, begleitet von Plünderungen, Morden, Bränden und Verwüstungen jeder Art. Die Hauptstadt wird ein wahres Bild der Hölle sein. Wenn die verletzte Göttliche Gerechtigkeit diese entsetzliche Strafe verhängt, sollen alle, die irgendwie können, aus der Stadt fliehen. Die jetzt angekündigte Strafe sollte erst nach und nach mit der gebührenden Diskretion verkündet werden." (Vgl. De Marchi, S. 255; Walsh, S. 160-161)

„Wenn sich die Menschen nicht bessern, wird Unsere Liebe Frau der Welt eine Strafe schicken, wie man bisher noch keine gesehen hat, und vor den anderen Ländern wird sie Spanien treffen." (De Marchi, S. 92)

Jacinta sprach auch „von großen Weltereignissen, die um 1940 geschehen sollten." (De Marchi, S. 92)

Über die Priester und die Regierenden

„Liebe Patin, bittet viel für die Sünder!

Bittet viel für die Priester!

Bittet viel für die Ordensleute!

Die Priester sollten sich nur um die Angelegenheiten der Kirche kümmern.

Die Priester müssen rein sein, sehr rein.

Der Ungehorsam der Priester und der Ordensleute gegenüber ihren Oberen und dem Heiligen Vater verletzt sehr Unseren Herrn Jesus Christus.

Liebe Patin, bittet viel für die Regierungen!

Wehe denen, die die Religion Unseres Herrn Jesus Christus verfolgen!

Wenn die Regierung die Kirche in Ruhe lassen und der Heiligen Religion die Freiheit schenken würde, würde sie von Gott gesegnet.“ (De Marchi, S. 255-256; Walsh, S. 161)

Über die Sünde

„Die Sünden, die die meisten Seelen in die Hölle bringen, sind die Sünden des Fleisches.

Es werden Moden aufkommen, die Unseren Herrn sehr beleidigen werden.

Wer Gott dient, darf nicht der Mode folgen. Die Kirche kennt keine Moden. Unser Herr Jesus Christus ist immer der Gleiche.

Die Sünden der Welt sind sehr groß. Wenn die Menschen wüßten, was die Ewigkeit ist, würden sie alles tun, um ihr Leben zu ändern.

Die Menschen gehen verloren, weil sie nicht an den Tod Unseres Herrn denken und keine Buße tun.

Viele Ehen sind nicht gut, gefallen Unserem Herrn nicht und sind nicht nach Gottes Willen.“

Über die christlichen Tugenden

„Liebe Patin, haltet Euch nicht an den Luxus; flieht vor dem Reichtum!

Seid gut Freund mit der heiligen Armut und dem Schweigen.

Seid liebevoll auch zu den Bösen.

Redet von niemandem übel und flieht die, die übel reden.

Zimmer im Hause von Jacinta in Aljustrel, wo sie sich zu Beginn ihrer Krankheit, die ihr später das Leben nehmen würde, aufhielt. Unten: Der Grabstein über ihrem jetzigen Grab in einer Seitenkapelle der Basilika in Fatima.

Habt viel Geduld, denn die Geduld bringt uns in den Himmel.

Die Abtötung und die Opfer finden großes Gefallen vor Unserem Herrn.

Die Beichte ist ein Sakrament der Barmherzigkeit. Deshalb soll man sich dem Beichtstuhl mit Vertrauen und Freude nähern. Ohne Beichte gibt es keine Erlösung.

Die Mutter Gottes will mehr jungfräuliche Seelen, die sich mit dem Gelübde der Keuschheit an sie binden.

Um Ordensschwester zu sein, muß man sehr rein an Leib und Seele sein.

'Weißt du denn, was es heißt, rein zu sein?', fragte Schwester Godinho.

'Ich weiß es, ich weiß es. Rein am Leib zu sein, heißt keusch sein; und rein an der Seele sein, heißt keine Sünden begehen; nicht anschauen, was man nicht anschauen soll, nicht stehlen, niemals lügen, immer die Wahrheit sagen, auch wenn es schwer fällt ...'.

Wer nicht die Versprechen erfüllt, die er Unserer Lieben Frau gemacht hat, wird nie Glück in seinen Angelegenheiten haben.

'Den Ärzten fehlt das Licht, um die Kranken richtig zu heilen, denn sie lieben Gott nicht.'

'Wer hat dich denn so viele Dinge gelehrt?', fragte Schwester Godinho.

'Das war Unsere Liebe Frau; aber einige Dinge denke ich selbst.

Ich denke gern nach.' " (De Marchi, S. 254-256; Walsh, S. 161-162)

Als sie sah, daß sich viele Besucher in der Kapelle des Waisenhauses unterhielten und lachten, bat sie Schwester Godinho, sie wegen des Mangels an Respekt gegenüber dem Allerheiligsten zurechtzuweisen. Als dieser Schritt nicht die erwarteten Resultate brachte, bat sie, folgendes dem Kardinal mitzuteilen: „Unsere Liebe Frau will nicht, daß man in der Kirche redet.“ (De Marchi, S. 252; Walsh, S. 160)

Jacintas letzte Tage

Während des kurzen Aufenthalts im Krankenhaus wurden Jacinta weitere Besuche Unserer Lieben Frau zuteil. Sie teilte ihr auch den Tag und die Stunde mit, an dem sie sterben sollte. Vier Tage, bevor sie sie in den Himmel holte, befreite sie die Heiligste Jungfrau von allen Schmerzen.

Am Tag vor ihrem Tod fragte sie jemand, ob sie ihre Mutter sehen wollte. Jacinta antwortete darauf:

„Es wird nicht lange dauern, bis sich meine Familie im Himmel trifft ... Unsere Liebe Frau wird wieder erscheinen, aber nicht mir, denn ich sterbe gewiß, wie sie mir gesagt hat ...“. (De Marchi, S. 262)

Unsere Liebe Frau hat Jacinta am 20. Februar 1920 geholt. Francisco hatte seine Seele bereits am 4. April des Vorjahres Gott übergeben.

Jacinta wurde auf dem Friedhof von Vila Nova de Ourém beigesetzt, während Francisco vorher auf dem Friedhof von Fatima begraben worden war. Am 12. September 1935 wurden die sterblichen Überreste von Jacinta nach Fatima überführt, wo sie in einer eigens für sie und ihren Bruder erbauten Gruft beigesetzt wurden. Auf dem Grabstein war die einfache Aufschrift zu lesen: „Hier ruhen die sterblichen Überreste von Francisco und Jacinta, denen Unsere Liebe Frau erschienen ist.“

Später wurden die kostbaren Überreste in eine Nebenkapelle der Basilika von Fatima gebracht (1951 bzw. 1952), wo sie sich auch heute noch befinden.

Das unversehrte Gesicht von Jacinta bei der Exhumation im Jahre 1935.

Die Vorbereitungen für die Seligsprechungsprozesse der beiden Seher aus Fatima wurden offiziell 1949 aufgenommen. Durch die Fürsprache der Diener Gottes Francisco und Jacinta erhaltene Gnaden sind dem Vize-Postulator der Sache (Bischöflicher Palast, Leiria, Portugal) mitzuteilen.

Schwester Lucia zeigt, als sie schon Doro-theen-Schwester ist, die Stellung wie sich ihr das Unbefleckte Herz Mariens offenbart hat.

KAPITEL IV

Die Sendung der Schwester Lucia

BEI DER ZWEITEN Erscheinung hatte Lucia gebeten, Unsere Liebe Frau möchte sie doch zusammen mit den Geschwisterkindern in den Himmel holen, worauf die Gottesmutter, wie wir bereits gesehen haben, antwortete:

— „Ja, Jacinta und Francisco werde ich schon bald holen. Du aber wirst noch einige Zeit hier bleiben. Jesus will sich deiner bedienen, damit man mich kennen und lieben lernt. Er will die Andacht zu meinem Unbefleckten Herzen auf der Welt begründen."

Diese Worte zeigen deutlich, daß Lucia zum einen der in Fatima offenbarten Geheimnisse anvertraut werden sollte und daß sie zum andern auf der Erde blieb, um eine bestimmte Sendung zu erfüllen.

Wir erinnern auch an die Ankündigung, die Unsere Liebe Frau gleich bei der ersten Erscheinung am 13. Mai gemacht hatte:

— „Ich bin gekommen, um euch zu bitten, sechs Monate lang jeweils am 13. zu dieser Stunde hierher zu kommen. Später werde ich euch sagen, wer ich bin und was ich will. Ich werde dann noch ein siebtes Mal wiederkehren."

Es sollte also noch zu einer siebten Erscheinung Unserer Lieben Frau in der Grotte von Iria kommen. Wann aber? Was wollte Unsere Liebe Frau den Menschen bei dieser Gelegen-

Lucia im Jahre 1921 in Aljustrel vor ihrer Reise nach Porto, wo sie als Internatsschülerin im Kolleg der Dorotheen-Schwestern in Vilar empfangen werden würde.

heit mitteilen oder offenbaren? Was es auch immer sein mag, scheint es wohl normal anzunehmen, daß Schwester Lucia noch einmal die Vertraute Unserer Lieben Frau in der Grotte von Iria sein sollte.

Wenn dem aber so ist, und falls diese siebte Erscheinung nicht im Geheimen geschehen ist, so stellt sie eine der großen Erwartungen des Themas Fatima dar.

Der Lebensweg von Lucia

Am 17. Juni 1921 reiste Lucia von Aljustrel nach Porto, wo sie als interne Schülerin im Kolleg der Dorotheen-Schwestern in Vilar, einem Vorort der Stadt, aufgenommen wurde. Am 24. Oktober 1925 tritt sie in das Dorotheen-Institut ein und findet als Postulantin Aufnahme im Kloster dieser Kongregation im spanischen Tuy, nahe der portugiesischen Grenze. Am 2. Oktober 1926 wird sie Novizin und am 3. Oktober 1928 legt sie ihr erstes Gelübde als Konverse ab. Sechs Jahre später macht sie am selben Oktobertag ihre ewigen Gelübde und nimmt den Klosternamen Schwester Maria das Dores (Maria Schmerzensmutter) an.

Während der kommunistischen Revolution in Spanien wird sie aus Sicherheitsgründen in das Sardão-Kolleg in Vila Nova de Gaia versetzt, wo sie dann auch einige Zeit bleibt.

Am 20. Mai 1946 hatte Schwester Lucia Gelegenheit, den Ort der Erscheinungen wiederzusehen, sie besuchte die Grotte von Iria, die Grotte von Cabeço und das Feld von Valinhos.

Am 25. März 1948 verließ sie das Dorotheen-Institut und trat in den St. Josephs-Karmel in Coimbra ein, wo sie den Namen Schwester Lucia vom Unbefleckten Herzen annahm.[23]

---

23) Einige Autoren sprechen lediglich von Schwester Maria vom Unbefleckten Herzen.

Über die Gründe, die Schwester Lucia veranlaßt haben, das Institut der Heiligen Dorothea zu verlassen und in Coimbra in den Karmel einzutreten, hat sich der

Am 13. Mai desselben Jahres erhielt sie das Ordenskleid der Heiligen Theresia und am 31. Mai 1949 legte sie ihre Gelübde als Unbeschuhte Karmelitin ab.

Die Offenbarungen nach 1917; die fünf ersten Samstage

Im Juli-Geheimnis hatte Unsere Liebe Frau gesagt:

— „Ich werde darum bitten, daß Rußland meinem Unbefleckten Herzen geweiht werden soll und daß an den ersten Samstagen die Sühnekommunion gehalten werden soll.“

Die Botschaft von Fatima war also mit dem Zyklus der Erscheinungen in der Grotte von Iria im Jahre 1917 noch nicht endgültig abgeschlossen.

Am 10. Dezember 1925 erschien die Heilige Jungfrau mit dem Jesusknaben an ihrer Seite auf einer leuchtenden Wolke Schwester Lucia in ihrer Zelle im Dorotheen-Haus in Pontevedra. Indem sie ihr eine Hand auf die Schulter legte, zeigte sie ihr ein von Dornen umgebenes Herz, das sie in der anderen Hand hielt. Der Jesusknabe zeigte auf das Herz und sprach zu der Seherin die folgenden Worte: „Hab Mitleid mit dem Herzen deiner Heiligsten Mutter, das bedeckt ist von den Dornen, die die undankbaren Menschen jeden Moment in

---

Bischof dieser Stadt in einem Brief vom 27. Mai 1948 an P. José Aparício S.J., den früheren Seelenführer der Seherin, wie folgt geäußert: *„Tatsächlich ist die Seherin am 25. März in den Karmel dieser Stadt eingetreten, weil der Heilige Vater auf ihr Verlangen hin angeordnet hatte, daß ihrer Versetzung keine Hindernisse in den Weg gelegt werden sollten, denn sie wurde stets mit zahllosen Besuchen belästigt, von denen einige sogar recht dreist und neugierig waren und sie nur unnütz quälten. [...] Sie sagt, daß sie nie soviel Frieden und Freude verspürt hat, wie in diesem Heim, das sie um nichts in der Welt tauschen möchte. Auf Wunsch des Heiligen Vaters erhält sie weder Besuche noch Briefe, ich selbst aber teile ihr schriftlich die Bedürfnisse der Menschen mit, die sich ihr empfehlen. Ich habe bisher keine Ausnahmen zugelassen. [...] Nur diejenigen dürfen sie besuchen, die vom Heiligen Stuhl die Erlaubnis dazu erhalten.“* (Vgl. P. Luiz Gonzaga Mariz S.J., *Fátima, onde o céu tocou a terra,* S. 32)

dasselbe hineindrücken, und es gibt niemanden, der Sühne tut, um sie herauszuziehen."

Die Heilige Jungfrau fügte dem hinzu: „Sieh, liebe Tochter, mein Herz umgeben von Dornen, die mir die undankbaren Menschen mit ihren Lästerungen und ihrer Undankbarkeit jeden Moment in dasselbe hineindrücken. Versuche du wenigstens mich zu trösten und sage, daß ich allen, die fünf Monate lang am ersten Samstag beichten, die heilige Kommunion empfangen, den Rosenkranz beten und mir während einer Viertelstunde Gesellschaft leisten, indem sie die fünfzehn Geheimnisse betrachten als Wiedergutmachung mir gegenüber in der Todesstunde mit allen zur Rettung dieser Seelen notwendigen Gnaden beistehen werde." (Vgl. Memórias e Cartas da Irmã Lucia, S. 400; Ayres da Fonseca, S. 350-351; Walsh, S. 196; De Marchi, englische Ausgabe, S. 152-153; Fazenda, S. X-XI)

Am 15. Februar 1926 erscheint Schwester Lucia in Pontevedra wiederum der Jesusknabe und fragt sie, ob sie die Verehrung der Heiligsten Mutter schon verbreitet habe. Die Seherin berichtet von den Schwierigkeiten, die ihr Beichtvater ihr vorgetragen habe, und erklärt, daß die Mutter Oberin zwar bereit sei, sich für die Ausbreitung einzusetzen, der Priester jedoch zu bedenken gegeben habe, daß die Oberin allein nichts vermöge. Jesus antwortete: „Es stimmt schon, daß deine Oberin allein nichts vermag, mit meiner Gnade jedoch vermag sie alles." Schwester Lucia sprach von der Schwierigkeit einiger Leute, samstags zu beichten, und bat darum, achttägige Beichten gelten zu lassen. Jesus antwortete ihr: „Ja, sie kann von noch viel mehr Tagen sein, vorausgesetzt, daß die, die Mich empfangen, sich im Zustand der Gnade befinden und die Absicht haben, dem Unbefleckten Herzen Mariens Genugtuung zu leisten." Schwester Lucia erwähnte auch den Fall, falls es jemand versäumen sollte, bei der Beichte die Intention zu formulieren; Jesus Christus antwortete darauf:

Msg. José A. Correia, Bischof von Leiria, zeigt im Jahre 1944 den Brief mit dem dritten Geheimnis, das gerade von Schwester Lucia niedergeschrieben worden war.

„Die Intention kann dann bei der kommenden Beichte formuliert werden, das heißt bei der nächsten Beichtgelegenheit." (Vgl. Memórias e Cartas da Irmã Lucia, S. 400; Fazenda, S. XI-XII; Ayres da Fonseca, S. 351; De Marchi, englische Ausgabe, S. 153)

Bei der Nachtwache vom 29. zum 30. Mai 1930 sprach der Herr im Innern zu Schwester Lucia und löste noch ein weiteres Problem: „Die Andachtsübung wird auch noch am Sonntag, der auf den ersten Samstag folgt, angenommen, wenn meine Priester dies den Seelen wegen triftiger Gründe gewähren." (Vgl.Memórias e Cartas da Irmã Lucia, S. 410)

Die Verbreitung der Geheimnisse

Am 17. Dezember 1927 ging Lucia zum Tabernakel in der Kapelle des Dorotheen-Hauses in Tuy, um den Heiland zu fragen, wie sie den Auftrag ihres Beichtvaters ausführen sollte, einige von Gott erhaltene Gnaden aufzuschreiben, wenn dazu auch das Geheimnis gehörte, das ihr die Heilige Jungfrau anvertraut hatte. Mit deutlicher Stimme ließ Jesus sie folgende Worte hören: „Liebe Tochter, schreibe auf, worum man dich bittet; und schreibe auch alles auf, was dir die Heilige Jungfrau bei der Erscheinung mitgeteilt hat, als sie von dieser Andacht [zum Unbefleckten Herzen Mariens] gesprochen hat. Was den restlichen Teil des Geheimnisses angeht, bewahre Stillschweigen." (Vgl. Memórias e Cartas da Irmã Lucia, S. 400; Ayres da Fonseca, S. 34)

Infolge des so erhaltenen Auftrags offenbarte Lucia, was bei der Juni-Erscheinung vorgegangen war.

Als ihr der Bischof von Leiria 1941 befahl, sich für eine Neuausgabe, die in Druck gegeben werden sollte, alles weitere ins Gedächtnis zu rufen, was an der Lebensgeschichte Jacintas interessant sein könnte, holte sich die Seherin die Erlaubnis des Himmels ein und offenbarte zwei der drei Teile des Juli-Geheimnisses.

Dies sind ihre Worte:

„Das Geheimnis besteht aus drei verschiedenen Dingen, von denen ich zwei offenbaren werde.

Das erste war also der Blick in die Hölle.“

Und es folgt dann die Erzählung der zwei Teile des Geheimnisses, wie wir sie an der entsprechenden Stelle beim Bericht über die Juli-Erscheinung wiedergegeben haben. (Vgl. Memórias III, S. 216-220; Ayres da Fonseca, S. 43-44; Galamba de Oliveira, S. 146)

Was den anderen Teil des Geheimnisses angeht (siehe Fußnote Seite 46), hat ihn die Seherin zwischen dem 2. und 9. Januar 1944 in Form eines Briefes niedergeschrieben und diesen über den Titularbischof von Gurza, Manuel Maria Ferreira da Silva, ihren früheren Beichtvater in Porto, an den Bischof von Leiria, damals José Alves Correia da Silva, geschickt. Die Niederschrift, die nach den Erklärungen Schwester Lucias nicht vor 1960[24] veröffentlicht werden sollte, wurde dann von João Pereira Venâncio, der damals noch Weihbischof von Leiria war, zur Apostolischen Nuntiatur in Lissabon gebracht.

Von dort brachte sie der damalige Nuntius von Lissabon und spätere Kardinal Fernando Cento in den Vatikan, wo sie am 16. April 1957 eintraf. Es gibt keinen Hinweis darauf, daß Pius XII. von dem Dokument Kenntnis genommen hat. Es wurde jedoch vom Papst Johannes XXIII. und Kardinal Alfredo Ottaviani, dem Präfekten der Kongregation vom Heiligen Offizium gelesen. Danach wurde das Dokument im Geheimarchiv des Vatikans abgelegt. (Vgl. Sebastião Martins dos Reis, Síntese crítica de Fátima, S. 69, und A Vidente de Fatima dialoga e responde pelas Aparições, S. 70)

---

24) Vgl. Sebastião Martins dos Reis, *A Vidente de Fátima dialoga e responde pelas Aparições,* S. 82, Verhör des P. Iongen.

Wir wissen aus sicherer Quelle, daß Schwester Lucia diesen Teil des Geheimnisses auf Drängen des Bischofs von Leiria während einer schweren Krankheit geschrieben hat. (Vgl. Walsh, S. 185-186)

Weihe Rußlands an das Unbefleckte Herz Mariens

Am 13. Juni 1929 hatte Schwester Lucia eine großartige Vision der Heiligsten Dreifaltigkeit und des Unbefleckten Herzens Mariens, während der Unsere Liebe Frau ihr mitteilte, daß „der Augenblick gekommen ist, die Heilige Kirche von meinem Wunsch der Weihe Rußlands und dem Versprechen, es zu bekehren, wissen zu lassen". Schwester Lucia selbst schreibt folgendes:

„Ich hatte meine Oberinnen und meinen Beichtvater darum gebeten und auch die Erlaubnis dazu erhalten, donnerstags auf freitags die Heilige Stunde von elf bis Mitternacht zu übernehmen. Als ich eines Nachts allein war, kniete ich mich zwischen dem Geländer mitten in der Kapelle nieder, um niedergeworfen die Gebete des Engels zu beten. Da ich mich müde fühlte, stand ich auf und betete weiter mit kreuzförmig ausgestreckten Armen. Das einzige Licht kam von der Lampe. Plötzlich wurde die ganze Kapelle von einem überirdischen Licht erhellt und über dem Altar erschien ein Lichtkreuz, das bis zur Decke reichte. In einem helleren Licht war am oberen Teil des Kreuzes das Gesicht eines Mannes mit dem Körper bis zur Hüfte zu sehen [Gott Vater], auf der Brust eine Taube aus Licht [der Heilige Geist] und ans Kreuz geheftet der Körper eines weiteren Mannes [Unser Herr Jesus Christus]. Etwas unterhalb der Hüfte waren in der Luft schwebend ein Kelch und eine große Hostie zu sehen, auf die einige Tropfen Blut fielen, die von dem Gesicht des Gekreuzigten und aus einer Wunde in der Brust rannen. Die Tropfen liefen über die

Hostie und fielen in den Kelch. Unter dem rechten Kreuzesarm stand Unsere Liebe Frau (es war Unsere Liebe Frau von Fatima mit dem Unbefleckten Herzen in der linken Hand, ohne Schwert und Rosen, aber mit einer Dornenkrone und Flammen) ... Unter dem linken Arm [des Kreuzes] bildeten große Buchstaben wie aus kristallklarem Wasser, das auf den Altar lief, folgende Worte: ‘Gnade und Erbarmen’.

Ich erkannte, daß mir das Mysterium der Heiligsten Dreifaltigkeit gezeigt wurde, und ich erhielt Einsichten in dieses Mysterium, das ich nicht offenbaren darf.

Daraufhin sagte mir Unsere Liebe Frau: ‘Der Augenblick ist gekommen, wo Gott den Heiligen Vater darum bittet, zusammen mit allen Bischöfen der Welt, Rußland meinem Unbefleckten Herzen zu weihen und es so zu retten. So viele Seelen werden von der Gerechtigkeit Gottes wegen der Sünden, die sie gegen mich begehen, verurteilt, daß ich um Sühne bitte: Opfere dich in dieser Intention und bete.’ “ (Vgl. Memórias e Cartas da Irmã Lucia, S. 462 u. 464)[25]

Über ihre Beichtväter und den Bischof von Leiria ließ die Seherin die Bitte Unserer Lieben Frau noch im gleichen Jahr Papst Pius XI. zukommen, der dann auch versprach, die Bitte zu bedenken. (Vgl. De Marchi, S. 311; Walsh, S. 198)

In einem Brief vom 29. Mai 1930 an ihren Beichtvater José Bernardo Gonçalves S.J. berichtet Schwester Lucia, daß Unser Herr Jesus Christus, nachdem er sie in tiefstem Herzen Seine Göttliche Gegenwart hatte verspüren lassen, darauf gedrungen habe, vom Heiligen Vater die Gutheißung der Sühneandacht der fünf ersten Samstage zu erbitten. Hier die Worte der Seherin: „Wenn ich mich nicht irre, verspricht der liebe Gott, der Verfolgung in Rußland ein Ende zu machen,

25) Aufzeichnungen von P. José Bernardo Gonçalves S.J., die aus einem Manuskript Schwester Lucias abgeschrieben wurden, das *allem Anschein nach* nicht mehr vorhanden ist. (Vgl. die brasilianische und portugiesische Ausgabe der Memoiren von Schwester Lucia, S. 193)

wenn der Heilige Vater sich geruht, einen feierlichen, öffentlichen Akt der Sühne und der Weihe Rußlands an die Heiligen Herzen Jesu und Mariens zu veranstalten und auch die Bischöfe der ganzen Welt dasselbe zu tun heißt; außerdem soll Seine Heiligkeit versprechen, nach dem Ende der Verfolgung die Ausübung der bereits erwähnten Andacht zu billigen und zu empfehlen." (Vgl. Memórias e Cartas da Irmã Lúcia, S. 404)

Später hat sich Unser Herr bei einer weiteren innersten Mitteilung bei Schwester Lucia beklagt, daß die Weihe Rußlands nicht durchgeführt worden sei: „Sie wollten meine Bitte nicht erfüllen. Wie der König von Frankreich werden sie dies bereuen; sie werden es zwar tun, aber dann wird es zu spät sein. [26] Rußland wird seine Irrtümer über die Welt verbreiten und Kriege sowie Kirchenvefolgungen hervorrufen: Der Heilige Vater wird viel leiden müssen." (Vgl. Memórias e Cartas da Irmã Lúcia, S. 464)

Am 21. Januar 1935 erklärt Schwester Lucia in einem Brief an P. José Bernardo Gonçalves S.J., daß „Unser Herr ziemlich unzufrieden war, weil Seine Bitte nicht erfüllt wurde." (Vgl. Memórias e Cartas da Irmã Lúcia, S. 412)

In einem Brief vom 18. Mai 1936 an denselben P. Gonçalves erläutert Schwester Lucia: „Was die Frage angeht, ob es angebracht sei, auf die Weihe Rußlands zu bestehen, gebe ich

---

26) Die Anspielung auf das Versprechen, das Unser Herr Jesus Christus Ludwig XIV. durch Vermittlung der hl. Margareta Maria Alacoque gemacht hatte, daß er ihm nämlich das Leben der Gnade und die ewige Glorie sowie den Sieg über alle seine Feinde schenken werde, falls der König sich dem heiligsten Herzen Jesu weihe und Es in seinem Palaste herrschen ließe, Es auf seine Standarten male und auf sein Wappen präge.

Die so vorgetragene Bitte Unseres Herrn war noch nicht erfüllt worden, als Ludwig XVI. 1792 als Gefangener im Tempelturm das Gelübde machte, dem Herzen Jesu feierlich sich selbst, seine Familie und sein Reich sowie, falls er die Freiheit wiedererlangen sollte, auch die Krone und die königliche Macht zu weihen. Doch es war schon zu spät: Der König verließ das Gefängnis nur, um das Schafott zu besteigen.

die gleiche Antwort wie die anderen Male. Es tut mir leid, daß dies noch nicht geschehen ist. Aber Gott, der sie erbeten hatte, hat auch dies zugelassen [..] Ob es angebracht ist, darauf zu bestehen? Ich weiß es nicht. Es will mir scheinen, daß Unser Herr Jesus Christus, falls der Heilige Vater es jetzt täte, die Weihe annehmen und sein Versprechen erfüllen würde; und sicherlich würde dies Unserem Herrn und dem Unbefleckten Herzen Mariens gefallen.

In meinem Innern habe ich mit Unserem Herrn darüber gesprochen; und noch vor kurzem habe ich Ihn gefragt, warum Er Rußland nicht auch ohne die Durchführung der Weihe durch Seine Heiligkeit bekehre: 'Weil ich will, daß Meine ganze Kirche diese Weihe als einen Triumph des Unbefleckten Herzens Mariens anerkenne, um dann seine Verehrung auszubreiten und neben die Andacht zu Meinem Göttlichen Herzen die Verehrung dieses Unbefleckten Herzens zu stellen'. Aber, lieber Gott, der Heilige Vater wird mir nicht glauben, wenn Ihr selbst ihn nicht durch eine besondere Erleuchtung dazu bewegt. 'Der Heilige Vater! Bete viel für den Heiligen Vater. Später wird er die Weihe vornehmen. Das Unbefleckte Herz Mariens wird Rußland dennoch retten. Es ist Ihm anvertraut' ". (Vgl. Memórias e Cartas da Irmã Lúcia, S. 412 u. 414)

Wiederum an P. Gonçalves schreibt sie am 24. April 1940:

„Wenn Er [Unser Herr] will, kann Er dafür sorgen, daß die Sache schnell läuft. Doch zur Strafe der Welt, läßt Er sie langsam vorankommen. Seine durch unsere Sünden herausgeforderte Gerechtigkeit verlangt dies. Nicht nur unsere großen Sünden verärgern Ihn oft, sondern auch unsere Lauheit und Nachlässigkeit, wenn es darum geht, seinen Bitten nachzukommen.

[...] Es gibt viele Verbrechen, doch viel größer ist jetzt die Nachlässigkeit der Seelen, von denen Er Inbrunst in Seinem Dienste erwartete. Die Zahl derer, mit denen Er sich trifft, ist sehr beschränkt." (Vgl. Memórias e Cartas da Irmã Lúcia, S. 420 u. 427)[27]

In ihrem wiederum an P. Gonçalves gerichteten Brief vom 18. August 1940 kommt Schwester Lucia auf diese Gedanken zurück:

„Ich nehme an, daß es Unserem Herrn Jesus Christus gefällig ist, daß sich jemand bei seinem Stellvertreter auf Erden dafür einsetzt, daß Seine Wünsche ausgeführt werden. Doch wird der Heilige Vater dies nicht gleich tun. Er zweifelt an dem Sachverhalt, und er hat recht. Der liebe Gott könnte durch ein Wunder deutlich machen, daß Er es ist, der darum bittet; doch Er nutzt diese Zeit, um die Welt mit seiner Gerechtigkeit für so viele Verbrechen zu bestrafen und sie auf eine umfassendere Rückkehr zu Ihm vorzubereiten.[28] Der Beweis, den Er uns gibt, ist der besondere Schutz des Unbefleckten Herzens Mariens für Portugal, weil man Ihm das Land geweiht hat.“ [29]

---

27) Wie man sieht, interessiert sich Schwester Lucia für alles, was in der Welt hinsichtlich der Bitten Unseres Herrn und Unserer Lieben Frau geschieht. Doch nicht immer erfährt sie von den Vorgängen auf normalen Wegen. In einem Brief an P. Gonçalves vom 21. Januar 1940 sagt sie: *„Derartige Dinge* [Artikel in Zeitschriften, von denen man wollte, daß sie sie lesen sollte] *lese ich nur auf strikten Befehl meiner Obern.* [...] *Außerdem gefällt es meinen Oberinnen, daß ich nichts von alldem erfahre, was geschieht, und so bin ich zufrieden; ich bin nicht neugierig. Wenn Unser Herr will, daß ich etwas erfahre, sorgt er schon dafür, daß es mir zur Kenntnis kommt. Er hat so viele Mittel zur Verfügung!“* (Vgl. *Memórias e Cartas da Irmã Lúcia,* S. 420)

28) Im zweiten Teil des Geheimnisses von Fatima hat Unsere Liebe Frau den Triumph ihres Unbefleckten Herzens für die Zeit angekündigt, nachdem Gott die Welt für ihre Verbrechen bestraft haben wird. In jener Verlautbarung spricht Schwester Lucia von „einer umfassenderen Rückkehr“ der Welt zu Gott, dem Herrn. All dies verbindet sich auf wunderbare Weise mit dem vom hl. Ludwig-Maria Grignion von Montfort in seiner berühmten „Abhandlung über die wahre Andacht zur allerseligsten Jungfrau Maria“ und in seinem nicht weniger bekannten „Flammenden Gebet“ vorausgesagten Reich Mariens. Im Reich Mariens wird – nach den Worten dieses Heiligen – die Gottesmutter eine äußerst wichtige Rolle im Leben der geistlichen und weltlichen Gesellschaften spielen und vor allem eine ganz besondere Herrschaft über die Seelen ausüben; es wird zu einem glänzenden Wiederaufleben der Heiligen Kirche und der christlichen Kultur kommen. Die Botschaft von Fatima ist ein wundervolles Versprechen der Verwirklichung dieser prophetischen Vision noch in unseren Tagen.

29) Im Mai 1936 gelobte der in Fatima zusammengekommene portugiesische Episkopat, sich an dieser Stelle wieder zu einer Vollversammlung zu treffen, falls

Wegen dieser Weihe versprach Unser Herr Jesus Christus Portugal einen besonderen Schutz während des Zweiten Weltkriegs und fügte dem hinzu, daß dieser Schutz der Beweis für die Gnaden sei, die er den übrigen Nationen gewähren würde, wenn sie Ihm wie Portugal geweiht worden wären. (Vgl. Memórias e Cartas da Irmã Lúcia, S. 436 u. 438)

Die Portugal in den 30er und 40er Jahren gewährten Gnaden bedeuten jedoch nicht, daß das Land endgültig von der roten Gefahr und der Strafe der Kriege befreit ist, wie man dem dann folgenden Text des Briefes an P. Gonçalves vom 18. August 1940 und weiteren Stellen des Buches Memórias e Cartas da Irmã Lúcia (vgl. S. 438, 440 u. 442) sowie den Visionen Jacintas, von denen wir im Kapitel III gesprochen haben, entnehmen kann:

„Die Leute, die mit mir sprechen, haben allen Grund, erschrocken zu sein. Dies alles würde über uns kommen, wenn unsere Bischöfe nicht den Bitten des lieben Gottes nachgekommen wären und aus tiefstem Herzen Seine Barmherzigkeit und den Schutz des Unbefleckten Herzens unserer guten himmlischen Mutter erfleht hätten. Doch gibt es in unserem Vaterland noch viele Verbrechen und Sünden; und da jetzt die Zeit der Göttlichen Gerechtigkeit über die Welt gekommen ist, ist es notwendig, daß weiter gebetet wird. Deshalb fände ich es gut, daß den Menschen neben einem großen Vertrauen in die Barmherzigkeit des lieben Gottes und in den Schutz des Unbefleckten Herzens Mariens auch die Notwendigkeit des Gebetes und des begleitenden Opfers, vor allem des Opfers, das notwendig ist, um die Sünde zu vermeiden, eingeflößt würde." (Vgl. Memórias e Cartas da Irmã Lúcia, S. 426)

---

das Land von der beängstigend nahen roten Gefahr frei bleiben sollte. (Die kommunistische Revolution in Spanien konnte leicht auf das Nachbarland übergreifen.) Als die Gefahr schließlich überraschenderweise gebannt war, kamen die portugiesischen Bischöfe am 13. Mai 1938 in der Grotte von Iria zusammen und erfüllten ihr Versprechen, indem sie in einer feierlichen Danksagungszeremonie ausdrücklich anerkannten, daß die Rettung des Vaterlandes dem wunderbaren Schutz der Heiligen Jungfrau zu verdanken war. Bei dieser Gelegenheit weihten sie Portugal erneut dem Unbefleckten Herzen Mariens, wie sie es bereits sieben Jahre vorher getan hatten. (Vgl. P. Moreira das Neves, Fatima, altar do mundo, Bd. II, S. 249-257)

Am 13. Mai 1946 krönte der päpstliche Legat, Kardinal Bento Aloisi Masella feierlich die Statue von Unserer Lieben Frau von Fatima.

Am 31. Oktober 1941 anläßlich des Abschlusses des Jubiläums der Erscheinungen von Fatima richtete Papst Pius XII. eine Ansprache an das portugiesische Volk.

Mit einem Brief, der das Datum des 2. Dezembers 1940 trägt, wendet sich Schwester Lucia auf Anordnung ihrer Seelenführer direkt an Papst Pius XII. und bittet Seine Heiligkeit darum, die Andacht der Ersten Samstage seines Segens zu würdigen und sie auf die ganze Welt auszudehnen. Sie fügt hinzu:

„Im Jahre 1929 bat Unsere Liebe Frau in einer weiteren Erscheinung darum, Rußland Ihrem Unbefleckten Herzen zu weihen, und sie versprach dafür, die Ausbreitung seiner Irrtümer zu verhindern und seine Bekehrung.

[...] Bei verschiedenen innerlichen Mitteilungen hat Unser Herr immer wieder auf diese Bitte bestanden und dazu letzthin versprochen, die Tage der Drangsal zu verkürzen, mit denen Er die Nationen mittels Krieg, Hunger und vielerlei Verfolgungen gegen die heilige Kirche und Eure Heiligkeit für ihre Verbrechen bestrafen ließ, wenn sich Eure Heiligkeit würdigt, die Welt mit besonderer Erwähnung Rußlands dem Unbefleckten Herzen Mariens zu weihen und anordnet, daß zusammen und gleichzeitig mit Eurer Heiligkeit alle Bischöfe der Welt dasselbe tun." (Vgl. Memórias e Cartas da Irmã Lúcia, S. 436; De Marchi, S. 312; Galamba de Oliveira, S. 153)

Am 31. Oktober 1942 hat Pius XII. in einer zum Abschluß des Jubiläums der Erscheinungen von Fatima an Portugal gerichteten Rundfunkbotschaft die Kirche und das Menschengeschlecht dem Unbefleckten Herzen Mariens geweiht.

1943 hatte Schwester Lucia eine weitere Erscheinung Unseres Herrn, über die sie in einem Brief vom 4. Mai des gleichen Jahres an P. Gonçalves schreibt: „Im Auftrag Seiner Exzellenz [des Titularbischofs von Gurza, Manuel Maria Ferreira da Silva] hatte ich dem Herrn Erzbischof von Valladolid eine Nachricht Unseres Herrn an alle Bischöfe Spaniens und eine weitere an die Portugals zu melden. Hoffentlich hören alle die Stimme des lieben Gottes. Er wünscht, daß sich die spanischen Bischöfe zu Exerzitien zurückziehen und eine

Reform im Volke, im Klerus und in den kirchlichen Orden veranlassen; daß einige Klöster! ... und viele Mitglieder anderer! ... verstehen Sie? Er wünscht, daß den Seelen deutlich gemacht werde, daß die wahre Buße, die Er jetzt will und verlangt, vor allem in dem Opfer besteht, daß sich jeder auferlegen muß, die eigenen geistigen und materiellen Pflichten zu erfüllen. Er verspricht in Erwägung des Aktes, den Seine Heiligkeit zu tun sich gewürdigt hat, für bald das Ende des Krieges. Da dieser Akt jedoch unvollständig war, wird die Bekehrung Rußlands noch auf sich warten lassen. Sollten die Bischöfe Spaniens Seinen Wünschen nicht nachkommen, wird das Land wieder zur Geißel, mit der Gott sie straft." (Vgl. Memórias e cartas da Irmã Lúcia, S. 446)

Am 7. Juli 1952 weihte Pius XII mit dem Apostolischen Schreiben „Sacro Vergente Anno" die Völker Rußlands dem Reinsten Herzen Mariens. (S. Text in „Catolicismo", Nr. 21, Sept. 1952)

Während des II. Vatikanischen Konzils unterschrieben 510 Erzbischöfe und Bischöfe aus 78 Ländern ein Bittgesuch an den Stellvertreter Christi, dem Unbefleckten Herzen die ganze Welt, ganz besonders und ausdrücklich aber Rußland und die anderen vom Kommunismus beherrschten Nationen, zu weihen und anzuordnen, daß dies mit ihm zusammen und am selben Tag auch alle Bischöfe des katholischen Weltkreises tun sollen. Das Schriftstück wurde dem Heiligen Vater Paul VI. bei einer Privataudienz am 3. Februar 1964 von seiner Exzellenz, dem Erzbischof von Diamantina (Brasilien), Geraldo de Proença Sigaud persönlich überreicht. (S. den vollen Wortlaut in „Catolicismo", Nr. 159, März 1964)

Papst Paul VI. „vertraute das Menschengeschlecht" zum Abschluß der III. Sitzungsperiode des II. Vatikanischen Konzils am 21. November 1964 dem Unbefleckten Herzen Mariens an und erklärte unter dem Applaus der aufgestandenen Konzilsväter bei dieser Gelegenheit feierlich Unsere Liebe

Schwester Lucia während der Feier des 50. Jahrestages der Erscheinungen in Fatima, deren Vorsitz Papst Paul VI. hatte.

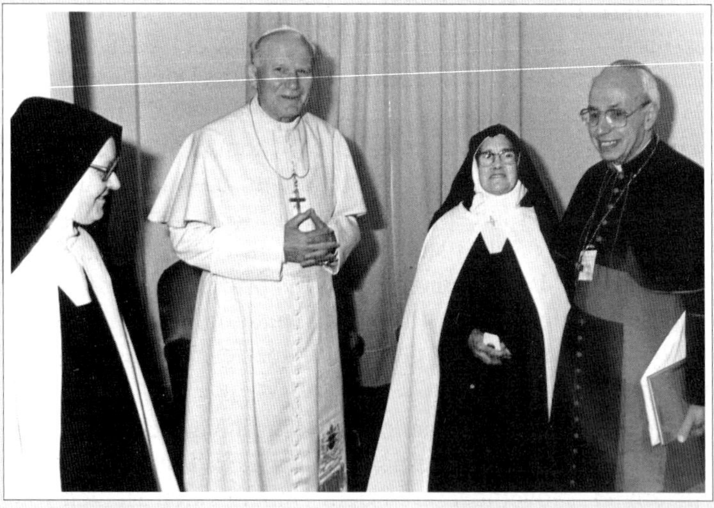

Papst Johannes Paul II. mit Schwester Lucia im Karmel von Coimbra nach seinem Fatima-Besuch im Jahre 1991.

Frau zur „Mater Ecclesiae“. (Vgl. Insegnamenti di Paolo VI, Bd. II, 1964, S. 678)

Johannes Paul II. hat die Welt zweimal dem Unbefleckten Herzen Mariens geweiht, einmal am 13. Mai 1982 in Fatima und das andere Mal am 25. März 1984 in Rom. Beiden Weihen war eine Einladung des Papstes an alle Bischöfe vorausgegangen, sich ihm bei diesen Akten anzuschließen. Es gibt jedoch weder 1982 noch 1984 konkrete Anhaltspunkte dafür zu beurteilen, inwieweit die Bischöfe der ganzen Welt diese Weihe zusammen mit dem Papst auch tatsächlich durchgeführt haben. Rußland wurde beide Male nicht ausdrücklich erwähnt.

Schwester Lucia hat dann auch bis Mitte 1989 behauptet, daß keine der erwähnten Weihen „gültig“ gewesen sei (in dem Sinne, daß die der Seherin von Unserer Lieben Frau mitgeteilten Forderungen nicht erfüllt waren). Seither erkennt Schwester Lucia jedoch der von Papst Johannes Paul II. am 25. März 1984 durchgeführten Weihe Gültigkeit zu.

Fachleute in Sachen Fatima diskutieren nun die Haltung Schwester Lucias, wobei einige der neuen Haltung zustimmen, während andere es vorziehen, sich an die früheren Verlautbarungen zu halten.

Die Frage ist zu komplex, um hier geklärt zu werden. Im Augenblick sollte der Hinweis genügen, daß Schwester Lucia bei einem Kommentar über einen möglichen Zusammenhang (und diese Verbindung scheint die Haltungsänderung der Seherin veranlaßt zu haben) zwischen dieser Weihe und den spektakulären Ereignissen in Osteuropa, die vor allem im zweiten Halbjahr 1989 scheinbar zum Zusammenbruch des Kommunismus geführt haben, deutlich macht, daß es sich hier um ihre private Meinung handelt und nicht um die Mitteilung einer übernatürlichen Offenbarung.

Wir bereiten zu diesem Thema gerade eine Studie vor, die zur gegebenen Zeit veröffentlicht werden soll.

* * *

Was uns schließlich übrigbleibt ist, vertrauensvoll darum zu beten, daß die noch nicht veröffentlichten Teile der den Seherkindern anvertrauten Botschaft dem gläubigen Volk möglichst bald zum größeren Wohl der Seelen, zum Sieg über die gnostische und egalitäre Revolution und zur Glorifizierung der Gottesmutter bekanntgemacht werden.

ANHANG

Pilgerfahrt innerhalb eines Blickes

WELCH BLICK! Kein anderer ist so klar, so süß, so rein, so freundlich. In keinen anderen tritt man so einfach ein. Und dennoch besitzt keiner solche Tiefen, die sich in einem weit entfernten Horizont auflösen. Je tiefer man in diesen Blick hineingeht, desto stärker wird man von einem unbeschreiblichen und erhabenen inneren Gipfel angezogen.

— Während dieser Pilgerschaft tut dieser Blick mehr als nur die Seele, die darin fliegt, einzuschließen. Er selbst tritt in sie ein. Und wenn der Pilger die Augen schließt, denkt er, daß er diesen Blick als ein Licht, das in seinem tiefsten Inneren leuchtet, wiedersieht.

— Bleibt er diesem Flug sein ganzes Leben lang treu, wird dieses Licht, wenn er seine Augen für immer schließt, in der Tiefe seiner Seele – das ist meine Ansicht – für die ganze Ewigkeit leuchten...

— Der Blick ist die Seele eines Antlitzes. Was für ein Antlitz habe ich vor mir? Einem Dummkopf würde es ausdruckslos erscheinen. Dem aufmerksamen Beobachter jedoch zeigt es eine Seelenvollkommenheit, die größer ist als die Geschichte, weil sie die Ewigkeit berührt; die größer ist als das Universum, weil sie die Unendlichkeit widerspiegelt.

— Die Stirn scheint Gedanken zu enthalten, die von einer Krippe bis hin zu einem Kreuz die ganze Geschichte der Menschheit umfassen. Das Gesicht selbst, die Nase haben einen Charme „schöner als die Schönheit“, wie der Poet sagt. Die Lippen sind geschlossen, und doch sagen sie alles; jeden Augenblick scheinen sie Gott zu loben in jedem Geschöpf nach dem Grad der Eigenschaften eines jeden entsprechend, und für all ihr Elend und all ihr Unglück zu beten. Diese Lippen besitzen eine solche Beredsamkeit, daß sie die des Demosthenes oder die des Ciceros fad erscheinen läßt.

— Und was ist über ihre Haut, weißer als der Schnee, zu sagen? Der Ausdruck allein sagt schon alles und doch nichts, denn, um sie zu beschreiben, müßte man sich ein Weiß vorstellen, das in seiner Tiefe mit einer unendlichen Diskretion alle Nuancen des Regenbogens wahrnehmen läßt, und zur gleichen Zeit der Seele eingibt, die sie betrachtet, den unvergleichlichen Charme der Reinheit.

— Ja, ich habe eine Pilgerfahrt innerhalb dieses Blickes gemacht, der so voll von Überraschungen ist. Und plötzlich merke ich, daß er es ist, der wie ein Pilger in meiner Seele wandert... Arme und barmherzige Pilgerfahrt, nicht von einem Glanz zum anderen Glanz, sondern von einem Mangel zum anderen, von einem Elend zum nächsten. Es genügt, daß ich mich ihm öffne, denn er bietet mir für jeden Fehler ein Heilmittel an, für jedes Hindernis eine Hilfe, für jede Betrübnis eine Hoffnung.

anderen Angaben gemacht werden, beziehen sich unsere Verweise auf die Ausgabe in portugiesischer Sprache.

P. Luiz Gonzaga AYRES DA FONSECA S.J.

„Nossa Senhora de Fátima". 5. Auflage. Editora Vozes. Petrópolis 1954.

Domherr José GALAMBA DE OLIVEIRA

„História das Aparições" in: „Fátima, Altar do Mundo". Bd. II. Ocidental Editora, Porto 1954. S. 21-160.

A. Moreira das NEVES

„As grandes jornadas de Fátima in: "Fátima, Altar do Mundo". Bd. II. Ocidental Editora. Porto 1954. S. 205-303.

A. Antonio de Almeida FAZENDA S.J.

„Meditações dos primeiros sábados". 2. Auflage. Mensageiro do Coração de Jesus. Braga 1953.

Sebastião Martins dos REIS

1. „A Vidente de Fátima dialoga e responde pelas Aparições",.Tip. Editorial Franciscana. Braga 1970.

1. „Síntese crítica de Fátima – Incidências e Repercussões". Edição do Autor. Évora 1967.

QUELLENNACHWEIS

Memórias e Cartas da IRMÃ LUCIA

Einführung und Anmerkungen von P. Dr. Antonio Maria Martins S.J. - Satz und Druck Simão Guimarães, Filhos, Ltda. - Hinterlegt bei L.E. - Porto 1973. - Faksimiledruck der Manuskripte Schwester Lucias. Enthält außerdem den gesetzten Text auf Portugiesisch sowie die entsprechenden Übersetzungen ins Französische und Englische. Vom portugiesischen Text gibt es zwei weitere Ausgaben, eine in Brasilien: „O Segredo de Fátima nas memórias e cartas da Irmã Lúcia", Edições Loyola, São Paulo 1974) und eine in Portugal: „O Segredo de Fátima e o futuro de Portugal nos escritos da Irmã Lúcia" - Eigentum von L.E. - Porto 1974). Wenn keine anderen Angaben gemacht werden, beziehen sich unsere Verweise auf die Faksimile-Ausgabe.

P. João M. DE MARCHI I.M.C.

1. „Era uma Senhora mais brilhante que o sol ..." Missionsseminar Unserer Lieben Frau von Fátima. Cova da Iria. 3. Auflage.

1. Übersetzung ins Englische unter dem Titel „The Crusade of Fatima - The Lady more brilliant than the sun", adaptiert von den Patres Asdrubal Castello Branco und Philip C.M. Kelly C.S.C. 3. Auflage, P.J. Kennedy & Sons. New York 1948. Wenn keine anderen Angaben gemacht werden, beziehen sich unsere Verweise auf die Ausgabe in Portugiesisch.

William Thomas WALSH

1. „Our Lady of Fatima". 3. Auflage. The Macmillan Company. New York 1947.

2. Übersetzung ins Portugiesische unter dem Titel „Nossa Senhora de Fátima", 2. Auflage. Edições Melhoramentos. São Paulo 1949. Wenn keine

— Aber, zum Schluß, was habe ich vor mir? Eine Statue aus Holz wie viele andere, ohne jeden besonderen künstlerischen Wert. Und doch, wenn man seinen Blick auf sie heftet, beginnt diese Statue zu strahlen, ohne sich zu bewegen, ohne überhaupt eine Verwandlung zu vollbringen, beginnt sie all ihre Pracht zu entfalten.

Aus dem Artikel ***Pilgerfahrt innerhalb eines Blickes*** von Prof. Plinio Correa de Oliveira in: Folha de Sao Paulo, 11.11.1976

Fotos: Pilgerstatue Unserer Lieben Frau von Fatima, die 1972 auf wunderbare Weise in New Orleans, USA, Tränen vergossen hat.